Ed Gungor

Mehr über

The Secret

Das Geheimnis

Rhonda Byrnes Bestseller
„The Secret“ weitergedacht

BRUNNEN
VERLAG GIESSEN · BASEL

Originalausgabe unter dem Titel: **There is More to The Secret**
Veröffentlicht mit Genehmigung von Thomas Nelson, Inc.,
Nashville, Tennessee

Übersetzung aus dem Amerikanischen:
Renate Hübsch

2. Auflage 2008

www.brunnen-verlag.de
Umschlagmotiv: Marilex, Photocase
Umschlaggestaltung: Sabine Schweda
Satz: DTP Brunnen
Herstellung: GGP Media GmbH, Pößneck
ISBN 978-3-7655-1977-2

Ich widme dieses Buch
Dr. Bahri und Lilly Gungor
und Gerard und Elizabeth Griesbaum.

Danke, dass Ihr Eure Kinder immer geliebt,
unterstützt und an sie geglaubt habt.
Diese Liebe wird von Herzen erwidert
und zutiefst geschätzt.

Inhalt

Einführung

Mehr über *The Secret – Das Geheimnis*

In letzter Zeit beherrscht ein Buch die Bestsellerlisten: *The Secret – Das Geheimnis*. Es stellt eine alte Glaubensüberzeugung dar, die im Verlauf der Geschichte immer wieder entdeckt, wieder verschüttet und wieder entdeckt wurde. Wenn man das Gesetz versteht, das dahintersteht, dann ändert das alles. Rhonda Byrne und ihr Team haben beeindruckende Arbeit geleistet, indem sie die Fragmente dieses Gesetzes aus Literatur, Religion und Philosophie vieler Jahrhunderte zusammengetragen haben. Sie ermöglichen uns damit einen Blick auf eine alte Weisheit, die unser Leben verändern kann.

The Secret wurde auf Anhieb ein Bestseller. Für viele Menschen ist es zu einer wirklichen Lebenshilfe geworden. Aber es gibt mehr zu diesem Geheimnis zu sagen, als Rhonda Byrnes Buch bietet. Ich habe den Eindruck, dass sich bei einem tieferen Blick auf das „Mehr“, das es dazu zu sagen gibt, herausstellen könnte, dass die Probleme, die das Geheimnis mit sich bringt, eventuell größer sein könnten als die Hilfe, die es vielen Menschen gebracht hat. Das ist der Grund, warum ich dieses Buch schreibe. Es geht mir nicht darum, den Nutzen, der vermittelt wurde, infrage zu stellen. Aber dennoch ist in mancher Hinsicht Vorsicht geboten. Denn: Es gibt noch mehr zu diesem Geheimnis zu sagen.

Ed Gungor

I

Von Göttern und Geistern

Okay, bevor ich beginne, möchte ich etwas klarstellen. Ich bin ein Fan von Rhonda Byrne. Aber ich bin ein kritischer Fan. Und ich bin Christ. Ich finde faszinierend, was Byrne in ihrem Bestseller-Ratgeber (und in dem gleichnamigen Film) *The Secret – Das Geheimnis* aus dem Jahr 2006 aufgedeckt hat. Aber ich starte nicht von demselben philosophischen Ort wie das Buch, und ich ende auch nicht dort. Es gibt etliche Dinge, die ich bezweifle: etwa, dass der Mensch dabei ist, sich zum Gott fortzuentwickeln. Oder dass die Menschheit sich aus eigener Kraft retten kann. Ich glaube wohl, dass auch Jesus dieses sogenannte Geheimnis kannte, aber dennoch musste er sterben – das Konzept allein wird uns nicht retten. Ich habe außerdem den Eindruck, dass das Buch einigen problematischen Aspekten zu viel Raum gibt oder sie fördert: die Besitzgier und die soziale Gleichgültigkeit etwa. Und letztlich läuft es auf den Vorwurf hinaus, dass die Opfer von schrecklichen Ereignissen selbst an dem Unheil schuld sind, das ihnen geschicht. (Ich will nicht behaupten, dass Rhonda Byrne das so beabsichtigt hat, aber es ist ein Problem.) Das heißt nicht, dass das Buch nicht auch viele positive Einsichten vermittelt – das tut es bestimmt. Und ich möchte den Großteil dessen, was ich dazu sagen werde, darauf verwenden, herauszustellen, welchen Schatz es birgt. Auf die Probleme, die damit verbunden sind, werde ich aber ebenfalls eingehen.

Worum es geht

Wir haben nur einen Versuch, unser Leben zu leben. Daraus folgt, so meine ich zumindest, dass wir unser Leben auf Größe anlegen sollten. Wir sollten uns entscheiden, mit unserem Leben etwas zu bewegen.

Die Grundidee des Buches hilft uns, das zu tun. Sie berührt alle Aspekte unseres Lebens – von den Finanzen über die Gesundheit bis zu unseren Beziehungen. Recht verstanden, bringt es zum Vorschein, welche verborgene und ungenutzte Kraft in jedem von uns steckt – sei er nun ein Heide oder ein Heiliger.

Dabei geht es nicht um irgendeine komplexe, schwer verständliche Theorie. Das Gesetz besagt schlicht und einfach: *Alles, was in Ihr Leben kommt, ziehen Sie selbst in Ihr Leben hinein.* Ihr Leben ist nicht zufällig so, wie es ist, es ist die Folge von Ursache und Wirkung. In gewissem Sinn ist die Weise, wie Sie leben, eine Art Magnet, der die Ereignisse, die Ihnen widerfahren, anzieht – die guten ebenso wie die schlechten.

Das mag vielleicht zunächst erschreckend klingen. (*Alles, was mir passiert, ist meine Schuld?*) Aber es ist eine großartige Entdeckung. Denn es bedeutet, dass Sie und ich eine Menge dazu zu sagen haben, wie glücklich oder unglücklich unser Leben sein kann. Wenn wir lernen, wie das Gesetz der Anziehung funktioniert, dann können wir es uns zunutze machen, um die guten Dinge in unser Leben hineinzuziehen und schlechten Einflüssen den Zutritt zu verweigern.

Aber – ist das wirklich möglich?

Viele Menschen glauben, dass die Dinge nach einer Art Vorherbestimmung passieren. Dass Menschen wenig mit der Zukunft zu tun haben und dass Gott eher dafür zuständig ist als der Mensch. Was geschieht, geschieht deshalb, so glauben sie, weil Gott es will und zulässt, und Menschen können daher nichts in die Wege leiten, was nicht ohnehin von Gott gewollt oder zugelassen ist. Sie würden sagen, dass unsere Gedanken, Überzeugungen und Taten nicht viel mehr als eine Randbemerkung sind, denn Gott tut, was er tun will, unabhängig davon, was Menschen sich vornehmen.

Aber wenn Gott wirklich eine Welt hätte schaffen wollen, in der der Mensch keinen Einfluss auf den Verlauf der Dinge hat, warum schuf er dann eine Welt, die nach exakten Gesetzen funktioniert? Gesetzen, die so spezifisch und vorhersagbar sind, dass wir einen Menschen zum Mond schicken können und exakt voraussagen können, wann er dort landen wird? Was wäre, wenn Gott diese Gesetze zu dem Zweck geschaffen hätte, dass der Mensch mehr Kontrolle über sein Leben hat? Der Apostel Paulus behauptete: „Alles gehört euch … Welt, Leben, Tod, Gegenwart und Zukunft: alles gehört euch."[1] Und an anderer Stelle: „Täuscht euch nicht: … Was der Mensch sät, wird er ernten."[2]

Diese Aussagen bekräftigen, dass wir an der Gestaltung der Welt, die Gott schuf, auf ganz ähnliche Weise beteiligt sind wie ein Landwirt am Wirken der Naturgesetze. Ein Landwirt, der will, dass sein Land einen guten Ertrag abwirft, muss lernen, mit der Natur zusammenzuarbeiten. Die Natur entscheidet nicht darüber, welche Ernte er einbringen wird – sie wartet darauf, dass der Farmer entsprechend sein Feld bestellt. Er entscheidet darüber. Er gestaltet die Zukunft seines Ackers durch die Saat, die er dort ausstreut. Um Weizen „anzuziehen", sät er eben Weizen aus. So wirkt das Gesetz der Anziehung.

Die Schöpfung funktioniert auf ganz ähnliche Weise für Sie

und für mich. Gott entscheidet nicht darüber, wie wundervoll unser Leben wird. In nicht geringem Maß bestimmen wir selbst, wie erfolgreich wir sind – in unseren Beziehungen, in unserer Ehe, im Beruf, als Eltern, finanziell. Und das hängt davon ab, wie gut wir mit den Gesetzen im Einklang leben, die in der Schöpfung wirken. Wir können Glück oder Leid erfahren – bewusst und gewollt. Wir können anziehen, was immer wir anziehen wollen – ja, wir tun genau das in diesem Moment. Das Gesetz der Anziehung wirkt immer – ob Sie es glauben und verstehen oder nicht. Aber wenn wir verstehen, wie es wirkt, hilft uns das, es zu unserem Vorteil statt zu unserem Nachteil zu nutzen.

Newton's drittes Grundgesetz der Bewegung besagt: *Zu jeder Aktion gibt es eine gleich starke, aber entgegengesetzte Reaktion.* Das ist eine andere Weise, das Gesetz der Anziehung zu beschreiben. Wie dieses „Geheimnis" etwa in Beziehungen aussieht, können wir bei Jesus lernen: „Richtet nicht über andere, dann werdet ihr auch nicht gerichtet werden! Verurteilt keinen Menschen, dann werdet auch ihr nicht verurteilt! Wenn ihr bereit seid, anderen zu vergeben, dann wird auch euch vergeben werden. Gebt, was ihr habt, dann werdet ihr so reich beschenkt werden, dass ihr gar nicht alles aufnehmen könnt. Mit dem Maßstab, den ihr an andere legt, wird man auch euch messen."[3]

Das bedeutet: Wenn Sie jemanden anlächeln, wird er wahrscheinlich zurücklächeln. Wenn Sie zu jemandem gemein sind, sind die Chancen hoch, dass er es Ihnen heimzahlen wird. Wenn Sie anderen offen und ehrlich begegnen, können Sie ziemlich sicher sein, dass andere Ihnen auch so begegnen. Wenn Sie an allem und jedem etwas auszusetzen haben, können Sie sich auf ein gutes Maß an kritischen Bemerkungen über Sie gefasst machen. Sie *ziehen an,* was Sie austeilen. In dieser Weise wirkt das Gesetz der Anziehung für jeden, überall, immer – ob man nun darum weiß und es versteht oder nicht.

Menschen, die an Gott glauben, haben gelegentlich das Problem, dass sie hier nicht ganz klarsehen: Was tut Gott? Und was tun wir? Es gibt die alte Geschichte von dem Bauern, der Besuch von einem Pfarrer erhielt. Er führte den Pfarrer herum, zeigte ihm die schmucken Gebäude, die gepflegten Rasenflächen, die ordentlichen Zäune, und schließlich rief dieser enthusiastisch: „Ich sehe, Gott hat diesen Besitz überaus reichlich gesegnet."

Unverblümt antwortete der Bauer: „Mag schon sein ... Aber Sie hätten das Grundstück sehen sollen, als er sich noch allein darum gekümmert hat."

Es gilt also, die eigenen Möglichkeiten zu nutzen. Jesus erzählte die Geschichte von den anvertrauten Talenten.[4] Darin macht er Mut, mit dem Potenzial, das uns gegeben ist, zu arbeiten. Getadelt wird derjenige Verwalter, der so auf die Souveränität und Macht Gottes baut, dass er sein Talent vergräbt und sich dem Schicksal ergibt.

Aber man kann in dieser Hinsicht auf beiden Seiten vom Pferd fallen.

Die jüngsten Vertreter des Gesetzes der Anziehung versprechen, dass es uns alles beschert, was wir nur wünschen – Glück, Gesundheit, Wohlstand; dass wir alles tun und alles sein können, was wir wollen; und dass wir alles besitzen können, was wir haben möchten – egal, worum es sich handelt. In dem Buch finden sich Fragen wie: „In was für einem Haus möchten Sie wohnen?" „Wollen Sie Millionär werden?" Wir hören: „Wunder geschehen, wenn Sie wissen, wie man das

'*Geheimnis*' anwendet." Der amerikanische Dichter Ralph Waldo Emerson (1803-1882) schrieb: „Das Geheimnis ist die Antwort auf alles, was war, alles, was ist, und alles, was sein wird." Auf dieses Zitat berufen sich viele Anhänger des Glaubens, den ich gerade beschrieben habe, und behaupten, dass dieses Geheimnis lautet: Jeder von uns verfügt über unbegrenzte Macht – und zwar mittels des Gesetzes der Anziehung.

Aber sie lassen etwas Entscheidendes außer Acht. Es gibt noch mehr zu diesem *Geheimnis* zu sagen.

Wir haben Anteil an der Macht

Als in den Achtzigerjahren die Personalcomputer auf der Bildfläche erschienen, war das Installieren neuer Programme oder weiterer Hardware (Drucker oder Scanner) nicht damit getan, dass man ein paar Stecker an die richtige Stelle steckte. Und es kam nicht selten vor, dass ein Computer, auf dem man ein neues Programm installiert hatte, das das Leben leichter machen sollte, nun überhaupt nicht mehr funktionierte. Dann musste man Stunden am Telefon verbringen und sich vom Provider am anderen Ende der Leitung Schritt für Schritt des mühsamen Prozesses beschreiben lassen, mit dem man versteckte Programmvorgaben umschreiben konnte. Es war eine Katastrophe.

Der Grund dafür, dass so viele Probleme auftraten, lag darin, dass die Software-Entwickler ihre Programme auf PCs entwarfen, die keine sonstigen Programme enthielten. Sie konnten alle Ressourcen ihres PCs für die Ausführung des Programms nutzen, an dem sie gerade arbeiteten. Nicht schlecht – wenn auch alle anderen PCs nur ein Programm zur Verfügung gehabt hätten. Aber so war es nicht. Das hinderte die Ingenieure nicht daran, weiterhin ihre eigenen Rechner so speziell auf ihre eigenen Bedürfnisse abzustimmen, dass eine Übertragung immer Probleme machte. Jede Software-Firma hatte ihr eigenes System. Und wenn die Kunden verschiedene Programme auf ihre Rechner luden, gerieten die Systeme untereinander in Konflikt.

Die Weise, wie Rhonda Byrne und ihr Team die Mechanismen des *Geheimisses* darstellen, erinnert mich unweigerlich an den Fehler, den die frühen Software-Entwickler gemacht haben. Immer wieder wird in dem Buch betont, dass jeder Einzelne, der sich das Gesetz der Anziehung zunutze macht, über eine *individuelle* Macht und Kontrolle verfügt. Das Problem ist nur – es gibt ja nicht nur *einen* Menschen, der dieses Gesetz nutzt. Im Universum laufen mehr Programme als nur eines. Wir nutzen das Gesetz der Anziehung nicht in einem Vakuum – es gibt andere Spieler, andere Kräfte, die in Bewegung sind.

Das Buch postuliert, dass wir *alles*, was uns geschieht, selbst anziehen – auch die schlimmen Ereignisse. Das mag in einigen Fällen so sein. Aber in dieser Absolutheit ist es doch eine zu starke Vereinfachung der Dinge.

Nehmen wir etwas so Ungeheuerliches wie den Holocaust. Ist es wirklich vorstellbar, dass sechs Millionen Juden diesen unvorstellbaren Horror in ihr Leben *„hineingezogen"* haben sollen? Oder waren da nicht andere Mächte am Werk – etwa die nahezu unbegrenzte Macht in den Händen eines geisteskranken Diktators? Was ist mit dem Missbrauch von Kindern? Haben die Opfer durch ihre Imagination dieses Geschehens dieses Leid „angezogen"? Wenn nicht, warum ist es ihnen widerfahren? War das Gesetz der Anziehung, das „überall und immer und für jeden wirkt“, in ihrem Fall nicht wirksam? Oder gab es da noch andere Kräfte – zum Beispiel einen kranken Täter?

Und wie kommt Gott da ins Spiel? Heutige Anhänger des Gesetzes der Anziehung sind diesbezüglich sehr schweigsam. Das ist merkwürdig; schließlich glaubt die Mehrheit der Menschen auf diesem Planeten an einen Gott. Mit der ständigen Wiederholung des „Geheimnisses“ scheint bei Rhonda Byrne die Vorstellung verbunden, dass Gott zwar unsere Welt geschaffen haben *mag*, er nun aber nicht mehr länger darin präsent ist – jedenfalls nicht auf irgendeine relevante Art und Weise. Es gibt keinen „Masterplan“. Und wenn Gott existiert, dann ist er (oder sie?) anscheinend fern und unerkennbar; er steht außerhalb des Weltgeschehens, und das berührt ihn auch gar nicht. Stattdessen erscheint das Universum selbst als eine Art Flaschengeist oder gute Fee; es existiert allein zu dem Zweck, uns alle unsere Wünsche zu erfüllen. In eben diesem Augenblick ist das Universum damit beschäftigt, Wünsche zu erfüllen, gute oder schlechte. Dies zu verstehen, so heißt es im Buch, sei der Schlüssel dazu, das Universum dazu zu bringen, dass es uns nur noch die guten Wünsche erfüllt.

Dies ist Gottes Geschichte

In der christlichen Tradition gibt es keine solchen dienstbaren Geister. Jeder Mensch ist ein Traum Gottes, der Wirklichkeit geworden ist; eine Bestimmung, ein mit voller Absicht gewolltes Wesen, das Gott als einen einmaligen Charakter in seiner großen Geschichte, die sich allmählich entwickelt, in diese Welt gesetzt hat. Die Bibel konstatiert, dass Gott „bestimmt, wie lange und wo jeder Einzelne leben soll“[5]. In den Psalmen heißt es: „Als ich gerade erst entstand, hast du mich schon gesehen. Alle Tage meines Lebens hast du in dein Buch geschrieben – noch bevor einer von ihnen begann.“[6]

Das heißt doch, dass jeder Einzelne zählt und dass unsere Weise, in dieser Welt zu leben, auf ein Ziel zuläuft. Unser Leben ist ein zielorientierter Prozess, den Gott selbst angestoßen hat. Für Menschen, die an Gott glauben, ist die Erde nicht das Land des Überlebenskampfes der Fittesten – es ist der Lebensraum für Geschöpfe, die Gottes Vorsehung unterstehen. Aber anstatt zu versuchen, diesen Plan der göttlichen Vorsehung zu verstehen, glauben die meisten, sie seien selbst die Herren in ihrem Leben. Auch hier widerspreche ich Rhonda Byrne. Das *Geheimnis*, das in der Geschichte verborgen war, dreht sich nicht darum, dass Menschen ihre eigenen Geschichten erfinden, sondern darum, dass sie ihren Platz in einer größeren Geschichte finden, die von jemand anders erzählt wird – von Gott. Die ältesten Belege für diese Sicht sahen die Schöpfung als einen Ort, der voll war von absichtsvollen Plänen Gottes – es gab einen Ort für alles und für jeden. Das Gesetz der Anziehung wurde hier nicht genutzt, um alles und jedes anzuziehen, sondern um das von Gott gesetzte Ziel zu verwirklichen. Es enthüllte, dass jeder von uns in diese Welt hineingeboren wird, die *seine* Bühne ist; wir sind nur Teilnehmer in *seinem Spiel*. So sagt es der Psalmdichter: „Erkennt, dass der Herr unser Gott ist! Er hat uns zu seinem Volk gemacht, ihm gehören wir!“[7]

Meine Frau Gail und ich sahen kürzlich eine Theateraufführung, in der unsere Schwiegertochter Erin mitwirkte. Sie hatte eine der Hauptrollen. Nach der Vorstellung fragten wir sie, wie sie den Abend erlebt hatte (es hatte tosenden Beifall gegeben). Als Antwort redete sie vor allem darüber, wie *sie* meinte *ihre* Rolle gespielt zu haben. Es gab keine Klagen über andere Darsteller, nicht den Wunsch, dass sie doch lieber deren Texte gehabt hätte, keinen Versuch, die Rolle eines anderen zu übernehmen und keine Diskussion, wie sie das Stück umgeschrieben oder die Regie geführt hätte. Sie maß ihren Erfolg daran, wie gut sie die Aufgabe gemeistert hatte, die *ihr* gestellt war.

Für mich war das ein Bild dafür, wie wir uns auf der Bühne des Lebens bewegen sollten. Das ist ganz zentral – und es ist der eigentliche Grund dafür, warum es das Gesetz der Anziehung überhaupt gibt. Wir sollten aufhören, unsere Rolle im Spiel des Lebens selbst schreiben, gestalten oder wählen zu wollen. Wir sollten erkennen, dass Gott der Autor ist und auch der Produzent und Regisseur. Und uns sollte es darum gehen, die uns zugewiesene Rolle zu entdecken und sie dann möglichst gut zu spielen.

Schon die Ahnung davon, dass wir hier sind, um Teil von etwas zu sein, das größer ist als wir selbst, bietet uns eine Brücke in ein Leben jenseits dieses Lebens – einen Zugang zu einer Existenz, die größer ist, als wir sie selbst erfinden könnten, bedeutender als unsere kurzlebigen, selbstbezogenen Bedürfnisse und unsere nie endenden Wünsche. Diese Sicht verwurzelt uns in etwas Größerem, Höherem, in etwas Ewigem.

In einer Welt, in der der Mensch „des Menschen Wolf" ist und jeder sich selbst der Nächste, wo nichts wichtiger ist, als selbst die Nummer eins zu sein, gilt es als töricht, nach Gottes Ziel zu fragen, weil dieses Ziel sich auf etwas anderes richtet als auf das Ego. Aber eben diese Entdeckung eines von

Gott gesetzten Ziels gibt uns einen neuen Selbstwert. Dieser gründet sich auf eine Identität, die vor Gott einen Wert hat – sie bindet unsere persönlichen Fähigkeiten daran, dass wir ein Leben führen, von dem nicht nur wir selbst profitieren. Das entwertet uns nicht als Person; es führt uns zu Gott. Und unser Sinn für unsere Identität wird verstärkt durch die Verbindung zu einem Leben, das größer ist als wir selbst.

Dies ist die Weise, wie Menschen Anteil gewinnen an der Wirklichkeit, die die Bibel als Reich Gottes bezeichnet. Wir erwarten, dass Gott handelt; wir rechnen damit. Wir wissen nicht, wo oder wann. Aber wir lauschen und wir bleiben dabei, das Gesetz der Anziehung – in diesem Sinn – anzuwenden, als Ausdruck unserer Liebe und unserer Suche nach Gott. Ein Leben, das sich der Aufgabe verschreibt, ein Ziel zu entdecken, das Gott setzt, füllt sich allmählich mit der sicheren Erwartung, dass einem so ausgerichteten Herzen alle Güter dieses Lebens geschenkt werden – wir werden „die besten Früchte des Landes genießen“[8]. Jesus sagt: Wenn wir bereit sind, unser eigenes Leben (im großen Ziel Gottes) zu verlieren, dann finden wir es.[9]

Diese Hingabe an das von Gott gesetzte Ziel vermittelt eine tiefe Erfahrung eines persönlichen Sinns und einer eigenen Berufung. Wir werden fröhliche Mitwirkende im Ganzen der Schöpfung und im Werk der göttlichen Vorsehung, die uns in einer Erfahrung von Sinnhaftigkeit und Bestimmung unseres Lebens verwurzelt. Das ist etwas völlig anderes als der radikale Individualismus, der uns, wie der britische Historiker Arnold Toynbee sagt, dahin gebracht hat, dass wir „zwar alles haben, was wir brauchen, aber uns dennoch fremd und unbehaust fühlen“[10].

Worum es hier geht, ist die Frage: Wer ist der Initiator des

Lebens – Gott oder der Mensch? Auch viele moderne Christen haben die gängige Sicht des Menschen übernommen: Wir haben Träume, Pläne, Wünsche – und dann machen wir uns daran, sie zu verwirklichen. Und erwarten, dass Gott seinen Segen dazu gibt. Ja, auch hier wirkt das Gesetz der Anziehung. Wir können Großes erwarten, wenn wir entsprechend Großes säen. Aber die Bibel enthält hier eine deutliche Warnung. Wir sollen nicht zu unbeirrt auf unsere eigenen Pläne setzen, denn unser Leben ist „ein Hauch, der – kaum ist er da – schon wieder verschwindet“[11]. Wir sind einfach zu kurz auf dieser Erde, als dass wir genug Weisheit erwerben könnten, um unsere Lebensentscheidungen allein auf uns selbst zu gründen. Darum, so wird uns empfohlen, sollen wir lieber sagen: „Wenn der Herr will und wir leben, wollen wir dieses und jenes tun.“[12] Das heißt doch: Ja, Sie und ich – wir spielen eine Hauptrolle – wir können große Triumphe und Erfolge feiern –, aber wir sind nicht die Autoren unseres eigenen Stücks. Wir sind Figuren in Gottes Geschichte; er sollte führen – oder mindestens ein Mitspracherecht in unseren Lebensplänen haben.

Auch viele kirchlich engagierte Leute haben ihre eigenen Pläne und hegen ihre eigenen Träume – in dem Glauben, dass das bisschen Frömmigkeit, das sie beimischen, ihnen den göttlichen Segen erwirbt, mit dem sie dann den Ruhm, die Macht, den Wohlstand erreichen, von dem sie träumen. Ja, es stimmt, auch Jesus sagt: „Alles ist möglich dem Menschen, der glaubt.“[13] Aber wenn wir hier nicht wachsam sind, endet es damit, dass wir Gott zu unserem Diener, zu unserem Flaschengeist machen. Und unsere Wünsche und Bedürfnisse werden schnell zum Zentrum des Universums.

Es ist gefährlich, sich Gott als einen solchen dienstbaren

Geist vorzustellen. Lassen wir Gott Gott sein – und erkennen wir, dass dienstbare Geister, Feen und Wunscherfüller in den Bereich der Märchen gehören.

2
Die Macht der Gedanken

Rhonda Byrne vertritt in ihrem Buch *The Secret* die Ansicht, dass alles, was sich in Ihrem Leben ereignet, aufgrund des Gesetzes der Anziehungskraft angezogen wurde. Dinge werden angezogen von den Bildern dieser Dinge, die Sie im Geist bewegen. Das würde bedeuten: Es ist nicht egal, was Sie denken und womit Sie sich im Geist beschäftigen. Es kommt wirklich darauf an. Wenn das stimmt, dann wären wir gut beraten, sorgfältig auf unsere Gedankenwelt zu achten, denn alles, was uns „so durch den Kopf geht", wird damit in unser Leben hineingezogen.

Gibt es aus der Perspektive des Glaubens irgendeinen Anhaltspunkt dafür, dass diese Annahme tatsächlich stimmt?

Die Antwort lautet: JA! Ein altes hebräisches Sprichwort formuliert bereits: „Wie ein Mensch in seinem Herzen denkt, so ist er."[1] Woran du immer wieder denkst, das wird dein Leben prägen. Wir werden, was wir denken. Unsere Gedanken wirken wie ein Magnet, der das, was wir denken, in unser Leben hineinzieht. In anderen Worten: „Wenn Sie es im Geist sehen, werden Sie es auch bald in der Hand halten."[2] Und je klarer ihr geistiges Bild von den Dingen, die Sie sich wünschen, ist, umso rascher werden sie sich in Ihrem Leben einfinden.

Die Idee lässt sich in vier einfachen Worten zusammenfassen: *Gedanken werden zu Dingen.* Sie bergen eine schöpferische Macht in sich. Das erste schöpferische Ereignis der Weltgeschichte wird uns in Genesis 1 berichtet. Gott erschafft das Universum – durch einen Befehl, durch sein *Wort*. Worte sind nichts anderes als zur Sprache gebrachte Gedanken. Das Universum existiert, weil Gott es erdacht hat. Wir sind hier, weil Gott uns erdacht hat. Und weil wir als Menschen in seinem Ebenbild erschaffen sind, können auch wir *denken*; d. h. wir haben Teil an dieser schöpferischen Macht. Wir können ebenfalls das Gesetz der Anziehung nutzen.

Künstler, Architekten, Musiker, Abenteurer, Freunde, Liebende, Hinz und Kunz, Bäcker, Kerzenmacher – jeder von uns kann kreativ sein, weil wir denken können. Gut, wir mögen nicht in der Lage sein, ein Universum zu erschaffen oder aus dem Nichts etwas ins Leben zu rufen. Aber die schöpferische Macht, die wir haben, wurde vom Schöpfer selbst in uns hineingelegt. Und der ganze Vorgang spielt sich auf der Ebene der *Gedanken* ab.

Und das ist der Grund dafür, warum die Gedankenwelt eines Menschen immer eine Art umkämpftes Gebiet ist. Gott lädt uns ein, *seinen* Gedanken nachzudenken. Aber es gibt – so sagt die Bibel – da auch einen „Feind" unserer Seele, der ebenfalls versucht, Raum in unseren Gedanken zu gewinnen.[3] Der Feind beeinflusst unsere Gedanken. Warum? Wenn er unsere Gedankenwelt beeinflussen kann, dann kann er auch beeinflussen, was in unserem Leben geschieht. Und viel Kummer und Leid, die wir in unserem Leben und in unseren Beziehungen erfahren, haben – nach biblischer Auffassung – ihren Ursprung in dieser Macht der Finsternis, die unsere Gedanken verdunkelt.[4]

Gott dagegen ruft uns auf, *seine* Gedanken zu denken. „Meine Gedanken sind nicht eure Gedanken", heißt es in

Jesaja 55,8. Er lädt uns ein, die Gedanken zu denken, die er denkt: „Gedanken des Friedens und nicht des Leids“.[5] Wir sind eingeladen, uns Gottes größere Perspektive anzueignen, damit wir einen Schritt über unser begrenztes Denken hinauskommen und anfangen, ein höheres Leben anzuziehen – *ewiges* Leben. Uns wird nicht nur Frieden geschenkt; uns wird der Friede Gottes angeboten. Uns wird nicht nur unsere Freude ein wenig aufpoliert; wir sollen an Gottes Freude teilhaben. Der Apostel Petrus formuliert sogar, dass wir, indem wir uns Gottes Gedanken zu eigen machen, „Anteil bekommen an der göttlichen Natur“[6]. Wie klingt das für Sie?

Wir haben hier also alle Elemente für einen Kampf, in dem alles auf dem Spiel steht: Die Macht des Bösen, die unsere Gedanken „verblenden“ will, und die Einladung Gottes, seine Gedanken zu unseren zu machen. Aber Paulus sagt: „Ich setze nicht die Waffen dieser Welt ein, sondern die Waffen Gottes. Sie sind mächtig genug, jede Festung zu zerstören, jedes menschliche Gedankengebäude niederzureißen ... Alles menschliche Denken nehmen wir gefangen und unterstellen es Christus, weil wir ihm gehorchen wollen.“[7]

Unsere Gedanken sind nicht bedeutungslos. Es kommt darauf an, was wir denken. Und deshalb sind wir gefordert, sehr wachsam zu sein, welchen Gedanken wir Zutritt gewähren und welchen nicht. Unser Geist ist keine passive Parkzone; er ist nicht gezwungen, jedem Gedanken Raum zu geben, der eben so daherkommt. Wir können wählen, was und woran wir denken wollen, und wir sollten von dieser Möglichkeit Gebrauch machen. Wie das aussehen kann, beschreibt ebenfalls Paulus: „Was immer wahrhaft, edel, recht, was lauter, liebenswert, ansprechend ist, was Tugend heißt und lobenswert ist, darauf seid bedacht!“[8]

Rhonda Byrne vertritt die Auffassung, dass Gedanken eine bestimmte Frequenz aussenden. Wenn man also an etwas Bestimmtes denkt, wird diese Frequenz wirksam und zieht den Gegenstand des Gedankens an. Diese Gedankenfrequenzen ziehen also alles, woran wir denken, in unser Leben hinein. Wenn Sie an *Reichtum* denken, wird der Reichtum zu Ihnen kommen. Wenn Sie *Mangel* denken, wird der Mangel einen Weg zu Ihnen finden. Und dies, so die These, ist für jeden Menschen dieser Erde zu jeder Zeit wirksam.

Ich weiß nicht, ob dies genau der Mechanismus ist, nach dem die Dinge wirken. Aber ganz sicher ist da etwas am Werk, wenn wir denken – dieses Gesetz der Anziehung wirkt durch das, was gerade in unserem Geist vor sich geht. Und es gehorcht unseren Gedanken. Wenn Sie sich also auf Dinge konzentrieren, die Sie sich wünschen, tritt das Gesetz der Anziehung in Aktion und gibt Ihnen das Gewünschte. Umgekehrt: Wenn Sie sich immer nur mit Dingen beschäftigen, die Sie zu vermeiden suchen, wird das Gesetz der Anziehung auch diese Dinge in Ihr Leben hineinziehen. Das Gesetz achtet nicht darauf, dass Sie diese Dinge nicht wollen. Es gehorcht einfach Ihren Gedanken und manifestiert, was in Ihrer Imagination vor sich geht. Und das gilt immer.

Vielleicht hilft dieser Gedanke zum Verständnis. Das Gesetz der Anziehung ist schlicht und einfach eine Wiederholung des Gesetzes von Saat und Ernte. Sie ernten, was Sie säen. Das Gesetz selbst ist unvoreingenommen – es urteilt nicht darüber, ob Sie es wert sind, das zu ernten, was Sie gesät haben. Es wirkt einfach gemäß dem, was Sie gesät haben. Säen Sie Weizen, und Sie werden Weizen ernten. Säen Sie Gedanken der Sorge und der Furcht in Ihren Geist, und Sie ernten Ereignisse, die Anlass sind für Sorge und Furcht. Hiob, als er am Tiefpunkt seiner schlimmen Erfahrungen angekommen ist, ruft aus: „Was mich erschreckte, das kam über mich, wovor mir bangte, das traf mich auch."[9]

Gedanken schaffen immer Realität; und wenn Sie eine bestimmte gewohnheitsmäßige Weise haben zu denken, stehen Sie damit in einem *schöpferischen Prozess.*

Wie auch immer dieses Gesetz wirkt, es wirkt *immer.* Es wirkt gemäß dem, was Sie denken. Gedanken schaffen immer Realität; und wenn Sie eine bestimmte gewohnheitsmäßige Weise haben zu denken, stehen Sie damit in einem *schöpferischen Prozess.* Irgendetwas aus diesem Gedankenfeld wird sich manifestieren – entweder im Guten oder im Bösen.

Diese Beobachtung legt es nahe, dass viele Probleme, die Menschen in ihrem Leben haben, nur deshalb existieren, weil sie dazu neigen, sich gedanklich mehr mit den Dingen zu beschäftigen, die sie *nicht* wollen. Und genau darum kehren diese Erfahrungen wieder und wieder zu ihnen zurück. Chronisch negatives Denken zieht chronisch negative Ereignisse an. Sie müssen also Ihren Blickwinkel verändern. Albert Einstein sagte: „Die bedeutenden Probleme, vor denen wir stehen, können nicht auf derselben gedanklichen Ebene gelöst werden, auf der wir standen, als wir sie schufen." Gut beobachtet, Albert!

Die meisten von uns brauchen diese neue Ebene des Denkens. Wir sind es gewohnt, die Dinge von ihrer negativen Seite anzusehen, und wir sind darin geübt, das zu erwarten, was wir fürchten. Im Blick auf die Notwendigkeit, neue gedankliche Muster zu erwerben, schlägt Rhonda Byrne vor, dass wir einfach den Fokus verschieben: Von dem, was wir fürchten, zu dem, was wir wünschen – sei das nun ein Parkplatz oder gesunde, liebevolle Beziehungen. Sie schlägt außerdem vor, angenehme Erinnerungen wachzurufen oder in die Natur zu gehen oder Musik zu hören, die man mag. Und aufgrund dieser schlichten Ratschläge erhält sie aus der ganzen Welt begeisterte Reaktionen von Menschen, deren Leben verwandelt wurde. Sie schreibt:

> Als der Film um die Welt ging, begann eine Flut von Zuschriften, in denen Geschichten von Wundern berichtet wurden: Menschen schrieben über ihre Heilung von chronischen Schmerzen, Depression und Krankheit, dass sie nach einem Unfall zum ersten Mal wieder gehen konnten, ja selbst vom Totenbett genesen waren. Wir erhielten Tausende von Berichten, die Anwendung des Geheimnisses habe bewirkt, dass große Geldsummen hereinkamen und unerwartete Schecks in der Post waren. Menschen haben vom Geheimnis Gebrauch gemacht, um ihr perfektes Zuhause, den idealen Lebenspartner, das Traumauto, die ersehnte Arbeitsstelle oder Beförderung zu manifestieren. Viele Berichte handeln von Geschäften, die innerhalb weniger Tage nach der Anwendung des Geheimnisses geradezu verwandelt wurden. Herzerwärmende Geschichten erzählen von stressbelasteten Beziehungen oder auffälligen Kindern, deren innere Harmonie wiederhergestellt wurde.

Gerade solche[10] Berichte treffen bei vielen Christen auf Skepsis. Wie können Menschen eine grundlegende Lebensveränderung erfahren, ohne dass sie Gott begegnet sind oder sich Christus zugewandt haben? Weil Rhonda Byrnes Buch kein christliches Vokabular verwendet, nehmen wir rasch an, dass die Vertreter dieser Idee (und wahrscheinlich die ganze Idee selbst) irrig und vom Übel sein muss.

Aber was wäre, wenn das eine zu starke Vereinfachung wäre und schlicht nicht zuträfe?

Ich gebe Ihnen jetzt einen Bissen grundlegender christlicher Theologie zu kauen: Alles, was Gott geschaffen hat, ist gut.[11] Das bedeutet: In allen Dingen und in jedem Menschen gibt es eine grundsätzliche Heiligkeit. Das heißt nicht, dass diese Heiligkeit nicht auch verdorben werden und verloren werden kann. In meiner Kindheit hatten wir ein altes, verrostetes Auto. An einigen Stellen konnte man schon durch das Blech schauen. Es war verdorben. Es war nicht schön. Aber es fuhr. Es gab noch etwas Gutes an ihm. Die Dinge und die Menschen in unserer gefallenen Welt sind wie dieses alte Auto – da gibt es etwas Gutes an uns, aber wir sind zugleich so „durchgerostet", dass man hindurchschauen kann.

In allen Dingen und in jedem Menschen gibt es eine grundsätzliche Heiligkeit.

N. T. Wright sagt treffend:

> Die Grenze zwischen Gut und Böse verläuft nie einfach zwischen „ihnen" und „uns". Die Grenze zwischen Gut und Böse verläuft durch jeden von uns. Es gibt so etwas wie Bosheit, und wir müssen zwischen den schwachen Versionen von Bosheit und den großen, schrecklichen Versionen davon unterscheiden. Wir sollten nicht dem trivialen Irrtum erliegen, es gäbe keinen Unterschied zwischen einem kleinen Taschendieb und einem Hitler oder dass jemand, der in einem Examen betrügt, dasselbe Ausmaß an Bösem verwirklicht wie etwa ein Bin Laden. Aber ebenso wenig sollten wir annehmen, dass das Problem des Bösen angemessen bearbeitet, geschweige denn gelöst wird, wenn wir es in umgekehrter Weise trivialisieren, indem wir manche Menschen „gut" nennen und andere „böse".[12]

Menschen, die mit Gott rechnen, tun das ja gerade aus dem Grund, weil er gut ist, und weil sie wollen, dass diese Güte, dieses Gut-Sein in ihrem Leben zum Zuge kommt. Aber allein die Tatsache, dass die Vertreter des Geheimnisses ihre Thesen nicht in einem christlichen Kontext formulieren, bedeutet noch nicht, dass diese Thesen deshalb falsch sind oder die, die sie vertreten, eben leider auf der falschen Seite stehen. Es bedeutet allenfalls, dass sie einen großen Teil der tatsächlichen Geschichte übersehen. Es bedeutet außerdem, dass sie leichtfertig sind und in mancher Hinsicht der Möglichkeit Vorschub leisten, dass sich das Böse in bestimmten Formen manifestieren kann (dazu später mehr). Aber sie sind nicht zwingend üble Menschen, von denen man sich schleunigst distanzieren sollte. Vielmehr bieten sie einige substanzielle Thesen und Prinzipien an, mit denen man sich – ob Christ oder Nichtchrist – durchaus beschäftigen sollte.

Universelle Gnade

Die Frage, die sich stellt, lautet: Warum wirkt dieses Gesetz der Anziehung für jeden – unabhängig davon, ob jemand an Gott glaubt oder nicht? Weil das Gesetz der Anziehung dem entspricht, was Theologen die „universelle Gnade“ nennen.

Gott liebt die Welt, die er geschaffen hat. Alle Dinge und alle Menschen, alles Geschaffene, sind ihm wertvoll und kostbar. Er schuf die Welt in der Absicht, ein Teil von ihr zu sein – sein eigenes Leben in sie einfließen zu lassen. Die Bibel zeigt uns die Perspektive auf, dass am Ende der Zeit Gott in seiner Schöpfung wohnen wird.[13] Gott ist Teil seiner Schöpfung, und zwar in einem generellen Sinn (universelle Gnade) und einem heilsgeschichtlichen Sinn (erlösende Gnade).

Die allgemeine Gnade ist die Gnade oder „Gunst“ (*Gnade*

bedeutet: unverdiente Gunst), die Gott über alle Menschen und überall ausgießt. Die universelle Gnade schenkt uns alles Gute, das wir kennen: Land, Jahreszeiten, Regen, Sonne, Ernte, Schönheit, Liebe, Familie, Freundschaft usw. Jesus sagt: „Das ist es, was Gott tut: Er gibt sein Bestes – die Sonne, um uns zu wärmen, und den Regen, um uns zu ernähren – und zwar jedem Menschen ohne Unterschied: den Guten und den Bösen, den netten und den üblen Zeitgenossen."[14] Der Apostel Paulus sagte in einer Predigt vor Nichtchristen: „In den Generationen vor uns ließ Gott alle Völker der Erde ihren eigenen Weg gehen. Aber auch zu dieser Zeit ließ er sie nicht ohne Hinweise auf ihn, denn er schuf eine gute Schöpfung, ließ Regen fallen und schenkte reiche Ernten. Wenn eure Mägen satt und eure Herzen glücklich waren, hattet ihr doch einen Hinweis darauf, dass es eine Güte ohne euer Zutun gibt."[15]

Gott engagiert sich in der Welt, er gibt allen Menschen seine guten Gaben.

Gott tut Gutes ohne unser Zutun. Das ist universelle Gnade. Vor einer anderen Zuhörerschaft sagte Paulus: „Gott ist es, der allem Leben und Atem verleiht, und er erfüllt all unsere Bedürfnisse."[16]

Universelle Gnade bedeutet: Gott engagiert sich in der Welt, er gibt allen Menschen seine guten Gaben, ob sie nun an ihn glauben oder nicht. Medizin und Technik etwa sind, wie ich meine, Beispiele dieser universellen Gnade.

Ich lebe in Oklahoma. Das ist ein Gebiet, in dem es häufig Tornados gibt. Und wenn ein solcher Sturm angekündigt ist, stelle ich den Fernseher an und verfolge die Nachrichten, die durch die Sturmwarnung mittels Radar möglich sind. Und dann denke ich immer: *Danke, Gott, dafür, dass du diese*

Welt sicherer machst, indem du Menschen die Weisheit gibst, mit der sie erkennen, nach welchen Gesetzen die Natur funktioniert.

Das Gesetz der Anziehung gehört mitten hinein in den Bereich der universellen Gnade. Gott ist daran beteiligt – aber man muss nicht erkennen und zustimmen, dass Gott am Werk ist, um in den Genuss dieser Gnade zu kommen. Er ist mit im Spiel, wenn Sie Ihren Garten bebauen, sich verlieben, über einen guten Witz lachen oder die Befriedigung erleben, die es bedeutet, eine Arbeit gut abgeschlossen zu haben. Er ist in allem Guten, das wir erleben, mit ihm Spiel. Und er ist auch im Spiel, wenn Sie erleben, dass sich aufgrund des Gesetzes der Anziehung die Gedanken, die Sie denken, in physische Realität verwandeln.

Die gute Nachricht dabei ist: Das ist noch nicht alles. Denn es gibt nicht nur die universelle Gnade. Es gibt auch die erlösende Gnade. Und darin begegnet uns Gott auf eine viel direktere Weise. Wir erfahren seine Gegenwart, seine Vergebung und die Wirkung seines Heiligen Geistes; wir erhalten Zugang zu seinen Verheißungen, und wir bekommen teil an seinem unvergänglichen Leben. In meinen Augen schlägt das jede Beförderung, jedes neue Auto oder alles sonst, was das allgemeine Gesetz der Anziehung uns bietet. Allerdings gehört beides zusammen. Der schnellste Weg, um Gottes erlösende Gnade zu erfahren, ist der, anzuerkennen, dass Gott der Ursprung der universellen Gnade ist. In anderen Worten: Danken Sie ihm für alles Gute in Ihrem Leben.

Warum ist es wichtig, dass Menschen Gott preisen? Nicht, weil Gott auf einem gigantischen Egotrip wäre. Sondern weil es um die Anerkennung von Wirklichkeit geht. Gott zu preisen bedeutet schlicht, anzuerkennen, dass er die Quelle alles

Guten ist, das wir erleben. Ich erlebe es, dass Menschen mich „preisen“, wenn ich eine Aufgabe gut ausgeführt habe. Es ist eine Form des Dankes. Wenn wir Gott gegenüber dasselbe tun – wenn wir anerkennen, dass er es ist, der uns so viel Gutes tut – öffnet das die Tür dazu, dass wir auch seine erlösende Gnade erkennen. Und das bedeutet universelle Gnade in vielfacher Potenz. Wir kommen noch darauf zurück.

Wir sind Michelangelos

Wer verstanden hat, dass Gott unser Leben so konstruiert hat, dass es sich in einer Weise konkretisiert, die direkt damit zusammenhängt, womit wir uns in Gedanken am meisten beschäftigen, der wird vielleicht etwas mehr Sorgfalt auf sein Gedankenleben verwenden. Es ist erstaunlich zu entdecken, dass wir selbst es sind, die Dinge, Menschen, Jobs, Umstände, Gesundheit, Wohlstand, Schulden, Freude – eben alles, was unser Leben ausmacht – in unser Leben hineinziehen. Das Gesetz der Anziehung postuliert: Das, worum unsere Gedanken kreisen, kommt zu uns – wir ziehen es sozusagen magnetisch an. In anderen Worten: Was wir denken, das „verursachen“ wir.

Gedanken werden so etwas wie der Meißel in unserer Hand. Als Michelangelo den David formte, war er derjenige, der die Macht hatte, zu bestimmen, wie die Figur, an der er arbeitete, gestaltet sein würde. Ganz ähnlich kann die Qualität unserer Emotionen, unserer Beziehungen, unserer Karriere – eigentlich von allem, was mit unserem Leben zu tun hat – bewusst geformt werden, indem wir das Gesetz der Anziehung verstehen und uns entsprechend verhalten. Wir können sozusagen die Michelangelos unseres eigenen Lebens sein. Gott ist nicht der große Spielverderber, der uns alles verbietet und nur im Sinn hat, unser Leben möglichst miserabel zu machen. Er ist der, der es uns geschenkt hat. Und er möchte, dass wir lernen, wie wir es so meistern können, dass es zu unserem Besten ist. Das tun wir ja mit anderen Naturgesetzen auch.

Stellen Sie sich vor, wie es wäre, wenn Sie lernten, gut zu leben. Wenn Sie lernten, besser darin zu werden, glücklich zu sein – so wie ein Landwirt lernen kann, wie er seine Ernteerträge verbessert. Wenn Sie lernten, wie Sie Meinungsverschiedenheiten in Ihren Beziehungen angehen können, so wie Ärzte gelernt haben, Operationen so durchzuführen, dass der Eingriff minimal ist und die Rekonvaleszenzzeit deutlich kürzer wird. Das ist das große Geheimnis, und es ist an uns, dass wir lernen, wie wir dementsprechend leben. Beginnen wir damit, dass wir erwarten, dass uns Gutes widerfahren wird, statt in der Furcht vor der nächsten Katastrophe zu leben. Dass wir hoffnungsvoller sind und weniger sorgenfixiert. Und dass dies – die Güte des Lebens – jedem Menschen geschenkt ist – egal, ob jemand an Gott glaubt oder nicht.

Gott ist nicht der große Spielverderber, der uns alles verbietet und nur im Sinn hat, unser Leben möglichst miserabel zu machen. Er ist der, der es uns geschenkt hat.

Fügen Sie also Ihrem Wissen um das Gesetz der Anziehung den Glauben an die erlösende Gnade Gottes hinzu, und machen Sie sich bereit für das wirkliche Leben, das Leben, das Jesus beschreibt, in dem „dem, der glaubt, alles möglich ist“[17]. und wo gilt: „Alles, worum ihr im Gebet bittet, glaubt, dass ihr es empfangen habt, und es wird euch zufallen.“[18]

Wie würde wohl unser Leben aussehen, wenn wir aus dieser universellen Gnade Gottes lebten und mit unserem Glauben der erlösenden Gnade auf der Spur wären? Wir würden dann wohl wirklich als Söhne und Töchter Gottes erscheinen. Wir wären randvoll mit Hoffnung, mit Liebe und Zuneigung füreinander, würden vor Leben überschäumen, vor Mitgefühl überströmen, wären geduldig im Umgang mit den schwierigen Mitmenschen und überzeugt davon, dass Gottes Güte in jedem Menschen und in allen Umständen erkennbar ist. Wir wären engagiert und zuverlässig, würden uns davor hüten, das Leben nach unserem Plan erzwingen zu wollen, und wären fähig, unsere Kräfte und Energien weise einzusetzen. Das Leben wäre eine Wonne, ganz sicher. Und, wie ich meine, noch um Klassen besser als das, was die Vertreter eines vordergründigen Gebrauchs des Gesetzes der Anziehung empfehlen. Natürlich kann man sich zufriedengeben mit einem engen Rahmen äußerer Annehmlichkeiten – Häusern, Autos, teuren Urlaubsreisen –, während der Rest der Menschheit aus dem Blick gerät und nur dann interessant wird, wenn es darum geht, sich selbst gut zu fühlen. Sicher kann man das Gesetz der Anziehung auf diese Weise für sich nutzen. Aber es gibt auch eine andere Art, mit diesem Gesetz für das Wohl dieser Welt zu arbeiten. Und diese Weise erwächst aus dem Glauben. Schauen wir uns also genauer an, wie das aussehen kann.

3

Das Gesetz der Anziehung anwenden

Warum geschieht das, was wir erleben, in unserem Leben gerade auf diese Weise? Warum behandeln Menschen uns so, wie sie es tun? Warum haben manche scheinbar immer Glück, während andere vom Pech verfolgt erscheinen? Ist es Schicksal? Oder sind in der Welt andere Kräfte am Werk? Geschieht den einen Gutes und den anderen Schlimmes, weil Gott eben die einen liebt, aber die anderen auf dem Kieker hat?

Wir haben eine ganze Menge mehr Kontrolle und Einfluss auf unser Leben, als die meisten Menschen glauben.

Ich möchte nicht so weit gehen, zu sagen, dass wir *alles*, was uns geschieht, selbst kontrollieren, indem wir das Gesetz der Anziehung anwenden. Aber ich glaube doch, dass wir eine ganze Menge mehr Kontrolle und Einfluss haben als die meisten Menschen glauben. Und das *Geheimnis* bietet uns das Wissen, um diese Kontrolle umfassender auszuüben.

Winston Churchill sagte: „Man erschafft sein eigenes Universum, indem man sein Leben lebt." Was, wenn das stimmt? Was wäre, wenn Menschen, die Gott in seinem Ebenbild erschaffen hat, von Gott so konstruiert sind, dass sie Teil des Schöpfungsprozesses sind?

Rhonda Byrne vertritt die Auffassung, wir hätten die Macht, *alles* zu ändern, und wir könnten das tun, indem wir die Gedanken, die wir denken, und die Gefühle, die wir fühlen, bewusst wählen. Denn durch häufige Gedanken und vorherrschende Gefühle zögen wir die Dinge in unser Leben.

Was wäre, wenn das tatsächlich so ist?

In meinem Leben jedenfalls gibt es dafür eine Menge Beispiele. Wenn ich einen Vortrag oder eine Predigt vorbereiten muss, passiert es mir häufig, dass ich über Zeitungsartikel, Nachrichten, Gesprächsbeiträge „stolpere", die genau zu meinem Thema passen. Oder kennen Sie nicht auch die Erfahrung, dass Sie einen Vortrag oder eine Predigt hören und das Gefühl haben: Woher wusste der, dass mich gerade diese Frage beschäftigt?

Wie oft kommt Ihnen plötzlich ein bestimmter Mensch in den Sinn, an den Sie lange nicht gedacht haben – und nur wenig später spricht jemand anders ebenfalls von diesem Menschen oder Sie hören direkt von ihm oder ihr?

Was geht da vor? Ist das alles nur Zufall? Oder gibt es eine Art von Aura, mit der wir Signale in die Welt aussenden, die Menschen und Dinge zu uns zurückziehen? Sich vorzustellen, dass Gedanken tatsächlich so wirken, macht diese Erfahrung lebendig und verständlich. Sie erscheint um so viel *wirklicher*. Die Möglichkeit, dass unsere Gedanken und Gefühle tatsächlich der Welt um uns herum übermittelt werden und dann bestimmte Dinge in unser Leben hineinziehen, ist ein spannendes Konzept.

Wie das Gesetz wirkt

Ich muss zugeben, dass es in meinen Ohren unglaubwürdig klingt, wenn Rhonda Byrne über diese Zusammenhänge spricht, als seien sie wissenschaftlich nachweisbar, während sie in Wirklichkeit nichts anderes anstellt als Vermutungen. Aber der wissenschaftliche Nachweis ist zweifelhaft. Wie kann man die Vorstellung beweisen, dass Gedanken Schwingungen aussenden, die das physische Gegenstück des Gedankens anziehen? Aber Rhonda Byrne schreibt: „Sie sind ein menschlicher Fernsehturm. Was Sie aussenden, erschafft und gestaltet Ihr Leben.“[1]

Wie kann man die Vorstellung beweisen, dass Gedanken Schwingungen aussenden, die das physische Gegenstück des Gedankens anziehen?

Ich glaube nicht, dass das Buch wirklich versucht, seine Grundannahmen darüber, wie das Gesetz der Anziehung wirkt, zu beweisen. Es geht ihm vielmehr darum, den Lesern das Konzept als solches nahezubringen.

Glaubende Menschen haben manchmal eine Scheu davor, zu viele Erklärungen zu suchen. Oft sind wir zufrieden damit, die Dinge im Bereich des „Geheimnisvollen“ zu lassen – manchmal auch aus Angst, uns mit allzu vielen Erklärungen in Gottes Domäne zu begeben. Aber diese Angst ist unbegründet. Ich denke, es würde uns guttun, ein paar Hypthesen darüber aufzustellen, wie diese Dinge wirklich funktionieren.

Nehmen Sie das Gebet. Wie wirkt Gebet? Wir glauben eben, dass es wirkt. Aber lassen Sie uns einmal darüber sprechen, wie es wirkt auf der physischen Ebene. Könnte es sein, dass unsere Seele eine Art von Energie ausstrahlt, die Gott erreicht – etwas, das für ihn sichtbar und spürbar ist? Die Bibel sagt, dass vor dem Thron Gottes „goldene Schalen mit Räucherwerk stehen, das sind die Gebete der Heiligen“[2].

Was, wenn das wörtlich gemeint ist? Was, wenn unsere

Gebete tatsächlich bei Gott ankommen und in Schalen gesammelt werden können?

Paulus nennt die Christen einen „Wohlgeruch für Gott" und einen „angenehmen Duft" für die Menschen[3]. Was, wenn das wörtlich gemeint wäre? Dann würde Gott uns riechen – und wir riechen gut. Nur weil wir nicht sehen können, wie diese Dinge wirken, bedeutet das noch nicht, dass sie nicht trotzdem so vor sich gehen. Und weil wir heute keine Möglichkeit haben, Gebet zu „messen", muss das nicht heißen, dass es nicht vielleicht in Zukunft durchaus möglich sein wird.

Was, wenn wir in der Zukunft fähig sind, eine Art „Energiefeld" nachzuweisen, das uns demonstriert, wie das Gesetz der Anziehung wirkt?

Gott erschuf das Weltall, und er gab ihm Naturgesetze, die zu ergründen die Menschheit Jahrtausende gebraucht hat. Wir haben gerade erst begonnen, solche Dinge wie Klimazusammenhänge, das Weltall, das menschliche Genprogramm und die Wunder der Neurophysiologie zu verstehen. Die Neunzigerjahre des letzten Jahrhunderts nannte man das Jahrzehnt des Gehirns, weil die Wissenschaft immer neue Entdeckungen machte, wie unser Gehirn funktioniert. Heute wissen wir, dass Gefühle wie Freude, Stress, Furcht oder Entsetzen mit messbaren chemischen und elektrischen Prozessen in unserem Gehirn zusammenhängen. Was, wenn wir in der Zukunft fähig sind, eine Art „Energiefeld" nachzuweisen, das uns demonstriert, wie das Gesetz der Anziehung wirkt?

Biblische Entdeckungen

Tatsächlich gibt es in der Bibel Aussagen, die eine Art von physischer Aktivität beschreiben, die vonstattengeht, wenn wir denken oder fühlen. Beim Propheten Jeremia etwa finden wir ca. 90-mal das Wort *ra'a*. Für Jeremia beschreibt *ra'a* etwas, das von Israel ausging und dem Gott besondere Aufmerksamkeit widmete. Der Theologe Klaus Koch erklärt: „Ra'a ist eine Aura, die in die Welt hineinwirkt, eine Aura, die den jeweils Handelnden umgibt, der sein eigenes Schicksal heraufführt."[4] Jeremia sah *ra'a* als eine Art Transmissionsriemen der emotionalen und geistlichen Verfassung Israels, die in die Welt ausstrahlte und dann mit der Frucht dieser Verfassung zu Israel zurückkehrte.

Deshalb erklärt Jeremia: „Es ist eure Lebensweise, die all das über euch gebracht hat. Der bittere Geschmack stammt von eurem verdorbenen Leben. Das ist es, was euch das Herz zerreißt."[5] *Ra'a* zog nämlich erschreckend bittere Dinge in das Leben des Volkes hinein.

Ist es wirklich so schwer vorstellbar, dass viele Umstände unseres Lebens tatsächlich durch Kräfte beeinflusst werden, die in uns selbst liegen? Und wenn es so wäre, sollten wir dann nicht alles daransetzen, zu lernen, wie wir diese Kräfte so handhaben, dass sie unser Leben bereichern?

Die Gedanken lenken

Wenn es stimmt, dass unsere Gedanken Dinge und Ereignisse anziehen, dann ist es klar, dass wir uns bemühen werden, keine negativen Gedanken zu denken. Ängstliche, furchtsame, hasserfüllte, niedrige, von Schuld- und Schamgefühlen bestimmte *Gedanken* bringen angstmachende, furchterregende, hasserfüllte, niedrige, von Schuld- und Schamgefühlen bestimmte *Erfahrungen* in unser Leben.

Die Frage ist also: Wie um alles in der Welt kann man seine Gedankenwelt lenken? Forscher sagen uns, dass wir jeden Tag Zehntausende von Gedanken denken. Es ist unmöglich, all diese Gedanken zu kontrollieren. Aber es gibt dennoch eine Hilfe: Unsere Gefühle sind Indikatoren für unsere Gedanken. Wenn Sie sich gut fühlen, dann denken Sie gute Gedanken. Wenn Sie sich schlecht fühlen, denken Sie schlechte Gedanken. Gefühle sind wie die Schlagzeilen in der Zeitung – Sie sagen Ihnen, worum die Story sich dreht; sie betiteln die Druckschrift Ihrer Gedankenwelt.

Kurz gesagt: Wenn Sie das Gesetz der Anziehung zu Ihrem Vorteil nutzen wollen, tun Sie die Dinge, die sich gut anfühlen, und meiden die Dinge, die sich schlecht anfühlen. (Das ist zwar eine grobe Vereinfachung und enthält auch einige weitere Probleme. Darauf kommen wir später noch zu sprechen. Aber für den Moment soll diese Regel genügen.)

Rhonda Byrne und ihre Gewährsleute werden nicht müde, immer wieder zu wiederholen:

> Sie haben zwei Kategorien von Gefühlen: gute und schlechte. Sie kennen den Unterschied: Die einen bewirken, dass Sie sich gut fühlen, und die anderen, dass Sie sich schlecht fühlen. Hierzu gehören Niedergeschlagenheit, Wut, Groll oder Schuldgefühle. Das sind Gefühle, die Sie nicht als stärkend empfinden. Es sind die schlechten Gefühle.
> Die andere Seite ist, dass Sie gute Emotionen und Gefühle haben. Sie wissen, wenn sie kommen, weil sie bewirken, dass Sie sich gut fühlen. Vorfreude, Glück, Dankbarkeit, Liebe.

> Stellen Sie sich vor, Sie könnten sich jeden Tag so fühlen. Wenn Sie die guten Gefühle feiern, werden Sie mehr gute Gefühle anziehen – und Dinge, die bewirken, dass Sie ‚gut drauf sind'.[6]

Byrne schreibt: „Ihre Gedanken bestimmen die Frequenz, die Sie aussenden. Ihre Gefühle teilen Ihnen augenblicklich mit, auf welcher Wellenlänge Sie gerade sind. Wenn Sie sich schlecht fühlen, dann sind Sie auf der Frequenz, auf der Sie mehr Schlechtes anziehen."[7] Das Gesetz der Anziehung sorgt dafür, dass Sie mehr Dinge erfahren, die Ihrer momentanen Gefühlslage entsprechen – sei die nun gut oder schlecht.

Alles läuft darauf hinaus: Wir müssen lernen, unseren Gefühlen mehr Aufmerksamkeit zu schenken. Denn es ist leichter, seine Gefühle zu lenken, als seine Gedanken zu beherrschen. Aber auch zu diesem Geheimnis gibt es noch mehr zu sagen.

Wir müssen lernen, unseren Gefühlen mehr Aufmerksamkeit zu schenken. Denn es ist leichter, seine Gefühle zu lenken, als seine Gedanken zu beherrschen.

Harte Tatsachen unerwünscht?

Byrne und ihr Team wollen dazu ermutigen, gute Erfahrungen anzuziehen. „Wenn Sie sich gut fühlen, dann erschaffen Sie gerade eine Zukunft, die im Einklang mit Ihren Wünschen ist. Wenn Sie sich schlecht fühlen, dann erschaffen Sie gerade eine Zukunft, die nicht im Einklang mit Ihren Wünschen ist."[8] Und dann finden wir einige radikale Behauptungen, wie etwa diese: „Als ich wirklich begriff, dass es mein wichtigstes Ziel war, Freude zu empfinden und zu erleben, da fing ich an, nur das zu tun, was mir Freude bereitet. Ich habe ein Motto: ‚Wenn es keinen Spaß macht, dann lass es bleiben!‘“[9]

Wie soll das denn funktionieren? Wie macht man das, nur das zu tun, was Spaß bringt? Byrne fordert immer wieder dazu auf, nur die Dinge zu tun, die wir gern tun, und das, was wir nicht gern tun, zu vermeiden. Da finden wir sogar die Empfehlung: „Wenn Sie Freude beim Verzehr eines Salamibrots empfinden, dann essen Sie eins.“[10]

Wer nur dieses Motto vom Gesetz der Anziehung mitnimmt: „Tu das, was sich gut anfühlt“ – der ist auf bestem Weg in sein Unglück.

Okay. Essen Sie also Salamibrote, bis Ihre Arterien verstopft sind und Sie zusammenbrechen … Ist das wirklich Spaß?

Ich habe den Eindruck, dass die Anhänger des Gesetzes der Anziehung in ihrem Bemühen, die Sache einfach darzustellen, eine Art Büchse der Pandora öffnen. Denn es gibt zwei Arten von Spaß, zwei Arten von Freude. Es gibt den Spaß daran, zu essen, worauf ich gerade Lust habe – und als Couch-Potato zu enden. Und es gibt die Freude an guter Gesundheit und Fitness, und die stellt sich nur ein, nachdem man es auf sich genommen hat, sich gesund zu ernähren und Sport zu treiben – was gewiss nicht immer Spaß macht. Es gibt die Freude daran, jeden Abend mit Freunden durch die Kinos und Kneipen zu ziehen und sich prächtig zu amüsieren. Und es gibt die Freude daran, einen guten Job zu bekommen, weil man zuvor die Mühe auf sich genommen hat, seine Ausbildung gründlich zu absolvieren, langweilige Bücher zu lesen und über Seminararbeiten zu schwitzen.

Dass etwas kurzfristig gesehen schwierig und unbequem

ist, heißt noch nicht, dass man es auf jeden Fall vermeiden sollte. Nicht selten verbirgt sich hinter kurzfristigen Unannehmlichkeiten langfristige Freude. Wer nur dieses Motto vom Gesetz der Anziehung mitnimmt: „Tu das, was sich gut anfühlt" – der ist auf bestem Weg in sein Unglück. Schon vor Jahrzehnten schrieb W. Beran Wolfe:

> Wenn Sie jede Unannehmlichkeit in Ihrem Leben umschifft haben, dann haben Sie Ihr Glück auf dem schwankenden Boden der ständigen Drohung gebaut, dass hinter der nächsten Ecke irgendeine unvermeidliche Enttäuschung lauern könnte. Wenn Sie Schmerz und Enttäuschungen gemeistert haben, werden Sie nicht nur Ihr Glück höher schätzen, Sie sind auch auf das Unvorhersehbare vorbereitet. Es mag viele menschliche Gewächse geben, die Unglück und Schmerz erfolgreich aus dem Weg gegangen sind. Aber Sie können sich nicht wirklich Menschen nennen.[11]

So vieles von den guten Dingen des Lebens erreicht man nur, wenn man zunächst das Land der Mühsal durchwandert. Statt also alles zu vermeiden, was uns schlechte Gefühle verursacht, sollten wir lieber darüber nachdenken, ob es nicht in Wirklichkeit etwas Gutes ist.

Sehen Sie einfach ein wenig in die Zukunft. Wie wird Ihr Leben aussehen, wenn Sie Ihre jetzigen Handlungs- und Verhaltensweisen fortsetzen? Wird es eine gute Zukunft werden? Wird Ihr Leben reicher werden? Wenn Sie feststellen, dass Sie auf dem Weg in eine gute Zukunft sind (selbst wenn das, was Sie jetzt tun, um die gute Zukunft zu erreichen, sich nicht immer total gut anfühlt), entscheiden Sie sich dazu, die Situation in Ihren Gedanken anders zu bewerten. Sehen Sie über die Unannehmlichkeit und die Mühe hinaus auf die Freude, die einmal daraus erwachsen wird. Und dann *tun* Sie genau das, was jetzt schwer, schmerzhaft und unbequem ist – aber tun Sie es voller Freude. Spuren Sie Ihre Gefühle neu ein und bleiben Sie an der Sache dran. Lassen Sie nicht zu, dass Ihre Gefühle bestimmen, wie Ihr Leben verlaufen wird. Denn wenn Sie nur nach guten oder schlechten Gefühlen handeln, ist die Chance groß, dass Sie eine Menge Dinge ruinieren werden, die eigentlich ganz großartig hätten werden können.

Sehen Sie einfach ein wenig in die Zukunft. Wie wird Ihr Leben aussehen, wenn Sie Ihre jetzigen Handlungs- und Verhaltensweisen fortsetzen?

Denken Sie etwa an eine Partnerschaft, die in der Krise steckt. Was machen Sie mit einer solchen Situation? Ein Grundgesetz im Blick auf Beziehungen lautet: *Spannung verlangt Aufmerksamkeit.* Das ist ganz sicher kein Spaß. Und die meisten Leute finden, dass eine Auseinandersetzung über Dinge, die nun einmal geklärt werden müssen, sich nicht gut anfühlt. Deshalb vermeidet man solche Situationen allzu oft. Im Vermeiden der Auseinandersetzung liegt zunächst mehr Freude als darin, sie zu führen – mindestens für den Augenblick. Das Problem ist nur: Wer solche Auseinandersetzungen vermeidet, häuft Konfliktpotenzial an, das – auf lange Sicht gesehen – die Partnerschaft sprengen kann.

Die Wahrheit ist: Konflikte muss man anpacken. Auseinandersetzungen muss man führen. Das ist der Schlüssel zu wirklicher Intimität – und die wiederum ist Freude.

Oder nehmen Sie die Erziehung. Es hat mir nie Spaß gemacht, meine Kinder zurechtzuweisen. Ich bin ein Vater, der ihnen am liebsten alle Wünsche erfüllen würde. Aber ich weiß: Kindern alles zu geben, was sie wollen, ist ein Rezept dafür, Diktatoren heranzuziehen. Jedenfalls werden aus solchen Kindern kaum verantwortungsbewusste Erwachsene. Wenn wir wollen, dass unsere Kinder als Erwachsene einmal verantwortungsbewusste Menschen sind, müssen wir ganz sicher eine Menge Dinge tun, die keinen Spaß machen.

Dass das, was Sie gerade tun, Ihnen schlechte Gefühle verursacht, bedeutet nicht, dass Sie es sein lassen sollten. Wenn das nämlich so wäre – warum würde irgendwer noch etwas tun, was ihm schwerfällt? Warum morgens aufstehen und zur Arbeit gehen? Das ist nicht immer lustig. Warum nicht den Tag damit verbringen, Bilder von all den Dingen auszuschneiden, die Sie wollen, und sich vorzustellen, wie Millionenbeträge in Ihr Leben hineinschweben, weil Sie so intensiv daran denken?[12]

Warum für die Schule lernen? Das macht nicht immer Spaß. Konzentrieren Sie sich lieber darauf, gute Gefühle zu empfinden und *stellen Sie sich vor*, wie es sein wird, wenn Sie alle Arbeiten mit „Sehr gut" zurückbekommen. Warum Sport treiben? Das ist nun wirklich hart. Kultivieren Sie doch stattdessen das Gefühl, sich gesund zu fühlen. Stellen Sie sich einfach vor, Sie seien top-fit.

Ich will nicht sagen, dass Rhonda Byrne genau diese Schlussfolgerungen nahelegen will. Aber zumindest warnt sie auch nicht vor falschen Schlüssen. Sie schreibt: „Das Wichtigste, was Sie wissen müssen, ist dies: Es ist unmöglich, sich schlecht zu fühlen und gleichzeitig gute Gedanken zu hegen. Wenn Sie sich schlecht fühlen, dann sind Sie auf der Frequenz, auf der Sie mehr Schlechtes anziehen. Das Gesetz der Anziehung *muss* darauf ansprechen und Ihnen mehr Bilder von negativen und solchen Dingen zurücksenden, die bewirken, dass Sie sich schlecht fühlen." Sie fährt fort: „Wenn Sie sich schlecht fühlen und keinerlei Anstrengung unternehmen, um Ihre Gedanken zu ändern und sich besser zu fühlen, rufen Sie praktisch: ‚Bringt mir mehr Umstände, die bewirken, dass ich mich schlecht fühle. Bringt sie her!'"[13]

Das Leben sollte gut sein

Ja, unsere Gedanken und Gefühle machen den größten Teil dessen aus, was wir „Leben" nennen, und sie schaffen eine Aura, die ausstrahlt und vergleichbare Umstände zu uns zurückzieht. Gute Gedanken und Gefühle ziehen gute Situationen an. Schlechte Gedanken und Gefühle ziehen schlechte Situationen an. Gott gab uns das Leben als Geschenk. Und das Leben sollte gut sein. Davon gehen wir aus. Das Leben sollte nicht nur Mühe und Kampf sein. Wir müssen schlechte Gedanken und Gefühle meiden und stattdessen gute Gedanken und Gefühle willkommen heißen. Aber denken Sie daran: Sich nur nach guten Gefühlen auszustrecken kann eine Weise sein, sich vor dem Leben zu drücken – und gerade nicht der Weg, die Ideen des *Geheimnisses* wirksam einzusetzen.

Unsere Gedanken und Gefühle spiegeln sich in unserem Leben wider – sie erschaffen die Umstände, in denen wir uns vorfinden. Sind Sie schon einmal in einen Raum gekommen, in dem sich gerade Menschen gestritten haben? Die Spannung liegt förmlich in der Luft. Eine negative Atmosphäre ist fast greifbar. Und umgekehrt: Kennen Sie Häuser, in denen Liebe und Respekt in der Luft liegen? Die Luft ist frisch und klar. Irgendwie ist es hier heller. Und was ist der Unterschied zwischen einem Heim, in dem ständig Streit herrscht, und einem, das mit Liebe und Zuneigung erfüllt ist? Nichts anderes als die Gedanken und Gefühle, die die Bewohner füreinander hegen.

Erinnern Sie sich an Churchills Worte: „Man erschafft sein eigenes Universum, indem man sein Leben lebt." Wir müssen unsere Gedanken und Gefühle steuern – *denn sie erschaffen unsere Wirklichkeit.* Das bedeutet nicht, dass Gott aus dem Spiel wäre. Er ist es, der das Leben so eingerichtet hat, dass Gesetze wie dieses darin wirksam sind. Dafür können wir ihm ebenso gut danken, wie der Landwirt ihm für eine gute Ernte dankt. Ja, der Landwirt hat im Schweiß seines Angesichts den Acker bebaut – aber Gott hat die Bedingungen geschaffen, unter denen Frucht entsteht. Ihm gebührt noch immer die Ehre.

Das bedeutet nicht, dass Gott aus dem Spiel wäre. Er ist es, der das Leben so eingerichtet hat, dass Gesetze wie dieses darin wirksam sind.

Bereits Mose musste sein Volk erinnern: „Wenn dieses Gute nun kommt, sagt nicht: ‚Das haben wir aus eigener Kraft geschafft, es ist unsere Leistung!' Denkt vielmehr an den Herrn, euren Gott, der euch die Kraft gibt, Reichtum zu erwerben! Denn er hält sich an den Bund, den er mit euren Vorfahren geschlossen hat und der heute auch für euch gilt."[14]

4

Ich hab da so ein Gefühl

Reden wir noch etwas länger über Gefühle. Wenn die Weise, wie wir unsere Gefühle lenken, entscheidend dafür ist, dass wir die Kraft des Gesetzes der Anziehung nutzen können, dann müssen wir gut verstehen, was es mit unseren Gefühlen auf sich hat. Erinnern Sie sich: Ihre Gefühle sind Magnete, die entweder Gutes oder Schlechtes anziehen und in Ihr Leben bringen, in Ihre Beziehungen, in Ihre Familie, in alle Ihre Lebensumstände. Wenn das stimmt, dann sollten wir hier Einblick gewinnen – und zwar schnell.

Aber bevor wir tiefer graben, möchte ich etwas Grundlegendes bemerken. Ich habe schon gesagt: Im Gegensatz zu dem, was die Vertreter des *Geheimnisses* behaupten, gilt: *Gedanken und Gefühle sind nicht die einzigen Kräfte, die in Ihrem Leben am Werk sind.* Das Gesetz der Anziehung ist wirksam, ebenso wie das Gesetz von Saat und Ernte wirksam ist. Aber es gibt Zeiten, in denen diese Gesetzmäßigkeiten durch andere Kräfte außer Kraft gesetzt werden.

Ein Beispiel: Jeder Landwirt wird seine Felder in der Annahme bestellen, dass das Gesetz von Saat und Ernte wirksam sein wird. Und das wird auch meist der Fall sein. Aber was geschieht, wenn es in dieser Zeit eine Dürre- oder eine Frostperiode gibt? Dann wird die Ernte ausfallen. Der Landwirt würde daraus aber nicht schließen, dass das Gesetz von Saat und Ernte nicht mehr gültig ist; er würde andere Kräfte erkennen, die – für den Augenblick – das Gesetz von Saat und Ernte überlagert und außer Kraft gesetzt haben.

Oder nehmen Sie das Gesetz der Schwerkraft. Es wirkt immer. Aber wie erklären Sie sich dann jene zahllosen Metallkörper, die da hoch über uns herumfliegen? Es ist ja nicht so, dass Flugzeuge nicht der Schwerkraft unterlägen. Vielmehr machen Sie sich ein anderes Gesetz zunutze: das Gesetz der Auftriebskraft. Und auf dieser Erde ist es so, dass das Gesetz der Auftriebskraft das Gesetz der Schwerkraft überlagern kann.

Das Gesetz der Anziehung ist wirksam, ebenso wie das Gesetz von Saat und Ernte wirksam ist. Aber es gibt Zeiten, in denen diese Gesetzmäßigkeiten durch andere Kräfte außer Kraft gesetzt werden.

Ich erwähne das hier besonders, weil die jüngsten Vertreter des Geheimnisses an dieser Stelle keine Zugeständnisse zu machen bereit sind. Zumindest diskutieren sie diese Möglichkeit nie. Im Gegenteil: Wir finden durchgehend die Annahme, dass das Gesetz der Anziehung sozusagen die oberste Kategorie darstellt; dass es keine Kraft oder kein Gesetz gibt, das dieses Gesetz beeinflussen oder seinen Einfluss minimieren könnte. Wenn Sie das Gesetz der Anziehung anwenden – so die Behauptung –, wirkt es auch. In jedem Fall. Ohne Ausnahme. Aber es gibt andere Mächte, die stärker sind als das Gesetz der Anziehung. Sehen wir sie uns an.

Das Geheimnis und Gott

Gott und sein Wille stehen in jedem Fall über dem *Geheimnis*. Man kann so tun, als existiere er nicht, und sich mit dem Gesetz der Anziehung durch seine Tage manövrieren, aber das bedeutet nicht, dass die Dinge sich so gestalten werden, wie man es sich vorgestellt hat. Jesus erzählte seinen Schülern die folgende Geschichte:

> „Ein reicher Gutsbesitzer hatte eine besonders gute Ernte. Er überlegte: ‚Wo soll ich bloß alles unterbringen? Meine Scheunen sind voll; da geht nichts mehr rein.'
>
> Er beschloss: ‚Ich werde die alten Scheunen abreißen und neue bauen, so groß, dass ich das ganze Getreide, ja alles, was ich habe, darin unterbringen kann. Dann will ich mich zur Ruhe setzen. Ich habe für lange Zeit ausgesorgt. Jetzt lasse ich es mir gut gehen. Ich will gut essen und trinken und mein Leben genießen!'
>
> Aber Gott sagte zu ihm: ‚Du Narr! Noch in dieser Nacht wirst du sterben. Wer bekommt dann deinen ganzen Reichtum, den du angehäuft hast?' So wird es allen gehen, die auf der Erde Reichtümer sammeln, aber mit leeren Händen vor Gott stehen."[1]

Der Einfluss unserer Kultur

Dann gibt es die Kraft der öffentlichen Meinung – den Geist der Massenmeinung, der in unserer Kultur vorherrscht. Wir können es noch so sehr imaginieren – aber wir werden das Drogenproblem in unserer Gesellschaft nicht durch das Gesetz der Anziehung besiegen, indem wir „gute" Gedanken denken und „gute" Gefühle pflegen. Ebenso wenig werden wir Rassismus oder Sexismus ausmerzen oder die Situation der Armen verbessern, indem wir Bilder vom Glück ausschneiden und „glückliche Gedanken" heraufbeschwören.

Das Problem der Sünde

Dann gibt es noch *das Gesetz der Sünde und des Todes.*[2] Das ist zweifellos eine Macht. Es ist das Gesetz, das dafür verantwortlich ist, dass die Welt mit dem Sündenfall auf eine negative Flugbahn geraten ist. Ja, Gott setzt alles daran, das zu reparieren, aber die Korrektur erfolgt nach dem Gesetz der rettenden Gnade, das höher ist als das Gesetz der universellen Gnade – der Ebene, auf der das Gesetz der Anziehung angesiedelt ist. Und deshalb gilt: Wir können zwar vieles in unserem Leben ändern, indem wir das Gesetz der Anziehung anwenden, aber wir können nicht *genug* ändern. Wir können uns unser Heil nicht „herbeidenken". Wir können uns nicht durch unsere guten Gefühle und Gedanken in die richtige Beziehung zu Gott setzen. Die Welt braucht noch immer einen Erlöser.

Festungen erstürmen

Ich stimme Rhonda Byrne darin zu: Wir wollen und sollen unser Leben nicht mit überwiegend schlechten Gefühlen verbringen. Ich stimme ebenfalls zu, dass negative Gefühle ein Indikator dafür sind, dass wir negative Gedanken denken. Auch das wollen wir nicht. Byrne glaubt: Wenn man sich gut fühlt, dann erschafft man für sich eine Zukunft, die im Einklang steht mit dem, was man sich wünscht. Fühlt man sich schlecht, dann gilt das Gegenteil. Das, was man will, und die Zukunft, die man sich erschafft, werden weit auseinanderklaffen. Und da jede bildhafte Vorstellung und jede Emotion das Leben erschafft, das vor Ihnen liegt, müssen Sie sehr wachsam sein, keine negativen Gedanken vorherrschend werden zu lassen. Wenn Sie beispielsweise regelmäßig Sorge und Anspannung empfinden, dann werden Sie genau diese Dinge in Ihr Leben hineinziehen – jeden Tag. (Das Gesetz der Anziehung wirkt *immer* – Sie erinnern sich.)

Wenn Gefühle Indikatoren dafür sind, was *wirklich* in uns vorgeht, dann ist die Empfehlung, negative Gefühle möglichst rasch loszuwerden, um wieder gute Gefühle zu empfinden, nichts anderes als eine Form der *Verdrängung*.

Okay. Meine Einwände beginnen dort, wo eine schnelle Lösung für negative Gefühle angeboten wird. Wir lesen etwa: „Wenn Sie sich niedergeschlagen fühlen … wussten Sie, dass Sie das von einem Augenblick zum nächsten ändern können? Hören Sie sich ein schönes Musikstück an oder singen Sie selbst etwas, das wird Ihre Emotionen verändern. Oder denken Sie an etwas Schönes. Denken Sie an ein Baby oder an jemanden, den Sie wirklich lieben, und verweilen Sie bei diesen Gedanken. Halten Sie den Gedanken an etwas Schönes fest. Blenden Sie alle anderen Gedanken aus und verweilen Sie bei dem Schönen. Ich garantiere Ihnen, dass Sie sich bald wieder wohlfühlen werden.“[3]

In manchen Fällen wird diese Empfehlung funktionieren (etwa wenn der Betreffende ein emotional gesundes, geistlich urteilsfähiges Individuum ist). Aber ehrlich gesagt glaube ich: In den meisten Fällen kann ich diese Empfehlung nicht unterstützen. Wenn Gefühle Indikatoren dafür sind, was *wirklich* in uns vorgeht, dann ist die Empfehlung, negative Gefühle möglichst rasch loszuwerden, um wieder gute Gefühle zu empfinden, nichts anderes als eine Form der *Verdrängung*. Und Verdrängung ist niemals positiv.

Sich schlecht zu fühlen ist ein komplexer Zustand. Nicht immer verstehen wir sofort, warum wir uns schlecht fühlen. Oft haben wir Denkstrukturen entwickelt, die dazu führen, dass wir uns schlecht fühlen. Dieses Denken ist uns so zur Gewohnheit geworden, dass wir oft gar nicht mehr wissen, was uns ursprünglich einmal auf diese gedankliche Schiene gebracht hat. Wir leben eben mit diesem negativen Gefühl. Vielleicht liegt der Ursprung in einer schlimmen Erfahrung in unserer Kindheit. Oder in einem Groll gegen andere, den wir mit uns herumschleppen. Ein Gefühl des Bedrohtseins kann auf dem Grund unserer Seele lauern, das aus der Erfahrung eines Versagens herrührt. Und immer, wenn wir in eine ähnliche Situation geraten, werden all die alten Gefühle lebendig – oft genug, ohne dass wir wissen, *warum* das gerade passiert. Vielleicht ist es ein tief verwurzeltes Minderwertigkeits- oder ein Schamgefühl, das uns belastet – Dinge wie diese überfluten unsere Emotionen mit Gift.

Alle diese komplexen Denkstrukturen können chronische negative Gefühle hervorbringen, die uns am Leben hindern. Wir können nicht zulassen, dass solche Gifte in unserer Seele wohnen. Tun wir es doch, dann laden wir das Gesetz der Anziehung ein, zu unserem Schaden zu wirken – und immer wieder Dinge, Menschen, Ereignisse in unser Leben hineinzuziehen, die unser Versagen, unsere Minderwertigkeit, unsere Scham bestätigen. Allerdings scheint der Vorschlag, dass wir derart negative Gefühle einfach beiseiteschieben können, indem wir ein Salamibrot essen oder die Katze streicheln, doch etwas töricht und leichtfertig zu sein. Das ist nicht Verwandlung. Das ist So-tun-als-ob. Es ist Verdrängung in extremer Form.

Die Bibel kennt negative Denkmuster dieser Art, die negative Gefühle produzieren. Sie nennt sie „Festungen"[4]. Sie können Menschen wirklich in eisernem Griff festhalten. Aber Gott will nicht, dass Menschen in einem Land der Entbehrung und Vergeblichkeit leben. Er möchte, dass wir das Leben in seiner Fülle kennen und genießen können.

Es wird nicht von uns erwartet, dass wir unseren Verstand mit ein paar Tricks davon überzeugen, dass wir ja doch im Wunderland leben, wo wir in Wirklichkeit kurz vor den Toren der Hölle campen.

Hören wir noch einmal darauf, was Jesus seinen „Azubis" sagte: „Kommt alle her zu mir, die ihr euch abmüht und unter eurer Last leidet! Ich werde euch Ruhe geben. Lasst euch von mir in den Dienst nehmen, und lernt von mir! Ich meine es gut mit euch und sehe auf niemanden herab. Bei mir findet ihr Ruhe für euer Leben. Mir zu dienen ist keine Bürde für euch, meine Last ist leicht."[5] Gott versprach seinem Volk, Israel, als es noch im Babylonischen Exil lebte: „Denn ich allein weiß, was ich mit euch vorhabe: Ich, der Herr, werde euch Frieden schenken und euch aus dem Leid befreien. Ich gebe euch wieder Zukunft und Hoffnung."[6]

Gott verspricht Freiheit, und er zeigt einen Weg, wie wir unsere negativen Gefühle hinter uns lassen können. Aber der Weg zur Freiheit, auf dem es gilt, Festungen zu stürmen, damit sie uns nicht mehr festbannen können, ist kein Weg des seichten So-tun-als-ob. Es wird nicht von uns erwartet, dass wir unseren Verstand mit ein paar Tricks davon überzeugen, dass wir ja doch im Wunderland leben, wo wir in Wirklichkeit kurz vor den Toren der Hölle campen. Unsere Freiheit wird nur garantiert, wenn wir die Hand ergreifen, die Gott uns entgegenstreckt, um uns auf dem riskanten Weg zu führen, auf dem wir lernen, mit der Vergangenheit angemessen umzugehen und der Zukunft freudig entgegenzusehen.

In Kontakt mit uns selbst kommen

Für Menschen, die Jesus folgen, spielt in der Regel der Glaube eine große Rolle – manchmal in einem Ausmaß, das dazu führt, dass wir unsere Emotionen ignorieren. Aber Gefühle zu ignorieren oder zu unterdrücken ist nie ein guter Weg. Gefühle zu ignorieren verhindert vielmehr, dass wir wirklich grundlegend von Gott verändert werden.

In seinem Buch *Glaubensriesen – Seelenzwerge?* beschreibt Peter Scazzero diese verbreitete Angst gläubiger Menschen, mit ihren Emotionen in Berührung zu kommen. Statt mit dem ganzen Leben, samt aller Gefühle, zu Gott zu gehen und alles in die Beziehung zu ihm einfließen zu lassen, benutzen viele gläubige Menschen Gott, so sagt Scazzero, um vor Gott zu fliehen: „Oberflächlich betrachtet scheint alles in Ordnung. Doch die Wirklichkeit sieht anders aus. Die vielen Stunden, die man sich in ein christliches Buch nach dem anderen versenkt … die vielen christlichen Aufgaben, die uns immer wieder aus dem Haus treiben, oder die Seminare, die wir eins nach dem anderen besuchen … die vielen Fleißstunden im Gebet oder beim Bibelstudium. … Manchmal sind diese christlichen Aktivitäten der unbewusste Versuch, dem Schmerz zu entfliehen.“[7]

Sensibilitätstraining

Jeder Mensch ist schöpfungsmäßig ausgestattet mit Nerven, die uns Schmerz signalisieren und dadurch „warnen" – so wissen wir, wenn wir auf einen Nagel treten oder eine Infektion haben. Ich möchte Ihnen einen gewagten Gedanken vorstellen. Was wäre, wenn Gott uns nun mit der Fähigkeit geschaffen hätte, negative Gefühle zu empfinden, damit wir eine Art eingebauten „Anzeiger" für falsches Denken hätten? „Warum sollte er das tun?", mögen Sie fragen. Nun, vielleicht damit wir das Problem angehen und Heilung erfahren können. Mindestens könnte es uns dazu veranlassen, über die Ursache der negativen Gefühle nachzudenken, die wir erleben. Statt sie zu leugnen oder sie zu überspielen, könnten wir versuchen, sie zu ihrem Ursprung zurückzuverfolgen – in der Hoffnung, dass wir auf diesem Weg Gott begegnen, der uns heilen möchte.

Was wäre, wenn Gott uns nun mit der Fähigkeit geschaffen hätte, negative Gefühle zu empfinden, damit wir eine Art eingebauten „Anzeiger" für falsches Denken hätten?

Scazzero schreibt:

> Viele Christen sind davon überzeugt, dass Wut, Traurigkeit und Angst Sünden sind, die man vermeiden muss, weil sie ein Zeichen dafür sind, dass mit unserem geistlichen Leben etwas nicht stimmt. Wut ist gefährlich und eine Lieblosigkeit gegenüber anderen. Traurigkeit offenbart mangelnden Glauben an die Verheißungen Gottes. Depression ist ganz sicher ein Zeichen für ein Leben, das weit entfernt ist vom Willen Gottes! Und Angst? Die Bibel ist voll von dem Gebot: „Fürchtet euch nicht."

> Was tun wir also? Wir versuchen eine trügerische Zuversicht in uns zu schaffen, um diese Gefühle zu vertreiben. Wir zitieren die Bibel, wir beten die Worte der Bibel, wir lernen Bibelverse auswendig – wir tun alles, um nur nicht von diesen Gefühlen überwältigt zu werden.[8]

Gefühle, sagt Scazzero, sind oft befrachtet mit düsteren Stimmen aus unserer Vergangenheit. Sie verfolgen uns mit tief verwurzelten negativen Überzeugungen und führen dazu, dass wir Lügen glauben wie diese:

- Ich bin eine Fehlkonstruktion.
- Ich bin eine Last.
- Ich bin dumm.
- Ich bin wertlos.
- Ich bin nur in Ordnung, wenn bestimmte Leute mich gut finden.
- Ich habe kein Recht auf Freude und Glück.
- Ich habe kein Recht darauf, mich durchzusetzen oder zu sagen, was ich denke oder empfinde.
- Ich habe kein Recht darauf, mich gut zu fühlen.

Scazzero betont, dass wir solche Gefühle nicht leugnen oder verbergen müssen. Vielmehr sollen wir sie vor Gott und in seiner Gegenwart „ausgraben“ und ans Licht bringen. Wir können nicht wirklich hören, was Gott uns sagt, oder erkennen, was wirklich in uns vorgeht, wenn wir jedes unangenehme und negative Gefühl verdrängen. Wir müssen diese Gefühle vielmehr zulassen und bearbeiten. Wir sollen sie auf keinen Fall *ignorieren* oder *unterdrücken*.

Ein Beispiel: Sie kennen das biblische Gebot der Nächstenliebe: Liebe deinen Nächsten wie dich selbst. Aber da gibt es diesen Typen, den sie sozusagen „mit aller Liebe hassen“.

Wenn Sie nun aufhören wollen, diese nicht liebenden Gefühle zu füttern, werden Sie Ihren Groll und Hass nicht verleugnen, sondern sich genau diese Gefühle eingestehen – und daran arbeiten. Sie werden Gott um Hilfe bitten – um Hilfe, zu verstehen, warum Sie so empfinden. Vielleicht wird er Ihnen zeigen, dass es da in Ihrer Vergangenheit eine ähnliche Erfahrung gab, die Sie noch nicht verwunden haben. Sie werden Ihn um seine Hilfe bitten – damit Sie vergeben können, damit Sie diesen Menschen lieben können und damit Sie von Gott lernen können, der jeden Menschen liebt. Zuerst wird es sich anfühlen, als brächte es Sie um, aber Sie werden darauf vertrauen, dass Gott in Ihnen am Werk ist und Sie mit seiner Hilfe Ihre Gefühle klären und schließlich dem anderen vergeben können. Und schließlich werden Sie so etwas wie Liebe für diesen Typen empfinden. Die Bibel nennt das eine Schulung der Urteilsfähigkeit, um zwischen Gut und Böse zu unterscheiden.[9]

Die Gabe des Schmerzes

Wir fassen zusammen: Gefühle sind Indikatoren unserer Gedanken. Schlechte Gefühle enthüllen, dass wir unseren Kopf und unsere Seele mit schlechten Gedanken belasten. Gute Gefühle zeigen an, dass uns gute Gedanken durch Kopf und Herz gehen. Natürlich bemühen wir uns, gute Gedanken zu denken, denn das Gesetz der Anziehung besagt, dass unsere Gedanken Magnete sind – und dass sie unseren Gedanken entsprechende Dinge und Ereignisse anziehen. Also wollen wir keine negativen Gefühle. Aber wir wollen auch nichts verleugnen oder verdrängen.

Jetzt habe ich eine echt knifflige Frage für Sie: Sollten wir uns vielleicht *gut* fühlen, wenn wir *negative* Gefühle erleben? Vielleicht. Warum? Weil Schmerz – auch emotionaler Schmerz – eine Gabe ist. Er zeigt uns nämlich die Richtung, in der die Probleme liegen.

Sollten wir uns vielleicht *gut* fühlen, wenn wir *negative* Gefühle erleben? Vielleicht. Warum? Weil Schmerz – auch emotionaler Schmerz – eine Gabe ist. Er zeigt uns nämlich die Richtung, in der die Probleme liegen.

Wenn ich zum Arzt gehe, weil ich irgendwelche Beschwerden habe, fragt er mich zuerst: „Wo haben Sie diese Schmerzen?“ Und wenn ich ihm die Symptome beschreibe, kann er diagnostizieren, was vor sich geht, und eine Therapie empfehlen. Der Schmerz war die Gabe, das Geschenk, das erkennen lässt, dass in meinem Körper irgendetwas nicht in Ordnung war – mein Warnsignal sozusagen, damit ich die Reparatur einleiten kann. Der Schmerz selbst ist nicht das Problem; er verweist nur darauf, dass es ein Problem gibt. Er bringt mir ein Problem zu Bewusstsein.

Emotionale Lepra

Dr. Paul Brand ist weltberühmt für seine Arbeit unter Leprakranken. Lepra ist eine Krankheit, über die man nicht gern spricht. Wenn sie unbehandelt bleibt, entstellt die Krankheit ihre Opfer unbarmherzig: Ihre Nasen zersetzen sich, sie verlieren Finger und Zehen, schließlich Hände und Füße, und viele werden blind.

Bei seiner Arbeit mit Leprapatienten machte Dr. Paul

Brand eine Entdeckung: Nicht die Lepra selbst verursacht die Wunden und Entzündungen, unter denen seine Patienten litten – zumindest nicht direkt. Ihre Entstellungen waren vielmehr die Folge der Tatsache, dass diese Patienten keinen Schmerz empfinden konnten. Leprakranke schädigen sich selbst, ohne dass sie es merken. Sie treten auf Glasscherben oder verbrennen sich – und spüren es nicht. Sie können sich einen Finger brechen und haben nicht die leiseste Empfindung von Schmerz.

Wappnen Sie sich jetzt für eine eindrückliche, aber erschütternde Geschichte:

Paul Brand erzählt, wie er eines Tages in der Leprastation der Klinik ankam. Seine Besuche wurden angekündigt, indem eine Glocke geläutet wurde, um die Patienten zu informieren, dass ihr Arzt jetzt kam. Wenn die Glocke erklang, kam Bewegung in die Gruppe der Leprapatienten. Jeder wollte zuerst beim Doktor sein.

An diesem Tag fiel Paul Brand ein junger Mann auf, der alles daransetzte, der Erste zu sein. Auf Krücken bewegte er sich voran und bemühte sich, das linke Bein, das einen Verband trug, vom Boden fernzuhalten. Aber als andere Patienten ihn überholten, gab er die Vorsicht auf. Er nahm die Krücken unter den Arm und begann zu rennen. Er war schließlich unter den Ersten in der Schlange der Wartenden, und auf seinem Gesicht erschien ein triumphierendes Lächeln.

Paul Brand hatte an der Art, wie er sich fortbewegte, erkannt, dass etwas ganz und gar nicht in Ordnung war. Als er ihn schließlich untersuchte, sah er, dass der Verband durchgeblutet war und der linke Fuß vom Rest des Beins fast abgetrennt war. Der Patient hatte viel zu viel Gewicht auf das Bein gegeben und so die Haut unter dem Knochen beschädigt. Er hatte keine Ahnung, dass er nicht auf seinem Fuß, sondern auf dem Ende seines Schienbeins lief! Kleine Steine, Äste und Schmutz waren in den Knochen eingedrungen. Es gab keine andere Möglichkeit, als das Bein unter dem Knie zu amputieren.[10]

Okay. Das ist eine unappetitliche Geschichte. Aber ich habe sie mit einer bestimmten Absicht erzählt. Ich wollte deutlich machen: Schmerz ist eine Gabe. Ein Geschenk. Auch wenn die meisten Leute dieses Geschenk nicht wollen. Aber wenn wir versuchen, Schmerz zu vermeiden oder negative Gefühle zu ignorieren, dann machen wir uns selbst anfällig für emotionale Lepra. Und wir verhindern, dass wir uns zum Positiven wandeln. Schlechte Gefühle können Geheimnisse enthüllen – verborgene Wahrheiten über unsere Überzeugungen, darüber, wie wir mit unserer Vergangenheit umgegangen sind – in wenig hilfreicher Weise. Und diese Geheimnisse, wenn sie ans Licht kommen, können unsere irrigen Überzeugungen korrigieren und uns in eine ganz neue Freude und Freiheit führen. Hasten Sie also nicht durch Ihr Leben in dem Bemühen, jedes negative Gefühl und jeden emotionalen Schmerz zu meiden. Wenn Sie das tun, verletzen Sie sich nur noch tiefer.

Wenn wir versuchen, Schmerz zu vermeiden oder negative Gefühle zu ignorieren, dann machen wir uns selbst anfällig für emotionale Lepra. Und wir verhindern, dass wir uns zum Positiven wandeln.

Stellen Sie sich Ihren negativen Emotionen. Bringen Sie sie zu Gott. Und dann fragen Sie sich, was diese Gefühle sagen wollen. Lassen Sie zu, dass er Sie heilt. Dann sind Sie gut vorbereitet, wenn das Gesetz der Anziehung in Aktion tritt. Ich bin wirklich begeistert von der Tatsache, dass Rhonda Byrne das Gesetz der Anziehung wieder einer breiten Masse von Lesern zugänglich gemacht hat. Dieses Gesetz anzuwenden ist allerdings ist nicht ganz so einfach, wie ihr Buch es nahelegt. Es gibt noch *mehr über dieses Geheimnis* zu sagen.

5

Warum das *Geheimnis* Christen nervös macht

In christlichen Kreisen gibt es bereits Stimmen, die Rhonda Byrnes Buch jeglichen Wahrheitsanspruch rundheraus absprechen. Und da hat man dann schnell auch Etiketten zur Hand: „Die Macht des Positiven Denkens trifft die Theologie der Selbsterlösung." Andere bestreiten, dass es hier etwas „Neues", geschweige denn ein *Geheimnis* zu entdecken gäbe – alles sei ein neuer Aufguss der alten Selbsterlösungsreligionen, die immer neue Gurus hervorbrächten. Scharfsichtige Philosophen und Theologen übertreffen einander darin, herauszustellen, dass dieses *Geheimnis* nur eine neue Variante der antiken Gnosis darstelle – eine Art *Geheimwissen für eine Elite von Erleuchteten*, das die Leidenden und Ausgegrenzten dieser Erde nur insoweit berücksichtige, als es ihnen die Botschaft zuruft: Entdeckt das *Geheimnis* für euch selbst.

Ich stimme zu: Es gibt Probleme. Einige habe ich schon benannt. Aber wenn wir uns nur auf die problematischen Aspekte konzentrieren, laufen wir Gefahr, die Idee des Gesetzes der Anziehung als solche zu verwerfen. Und das wäre, meiner Meinung nach, ein Fehler, den wir teuer bezahlen werden.

Es stimmt: Wenn man will, kann man auch in einem halben Eimer Wasser ertrinken – aber warum sollte jemand das tun wollen? Es kostet nicht viel Energie, einfach den Kopf aus dem Wasser zu heben – und nicht zu ertrinken. Christen sind aufgerufen, alle Philosophien und Weltanschauungen zu prüfen und vor ihren Gefahren zu warnen, aber wir können das tun, ohne uns so weit in ihre Probleme zu verstricken, dass wir darin ertrinken – und so die Wahrheit übersehen, die darin liegt und die Menschen helfen kann. Die Ideen in *The Secret – Das Geheimnis* helfen Menschen. Sie helfen sogar Leuten, die an Christus glauben.

Verzerrungen gibt es immer

Man könnte argumentieren, dass es auf dieser Erde nichts gibt, das nicht auch mehr oder weniger entstellt und verdorben ist. Es sollte uns nicht überraschen, dass wir in den Weltanschauungen und Ideen, die uns begegnen, auch Widersprüche und unhaltbare Aspekte finden. Der größte Teil des Neuen Testaments wurde aus einem einzigen Grund geschrieben: um den Unvollkommenheiten und Verzerrungen des christlichen Lebens in den frühen Gemeinden etwas entgegenzusetzen – und nachdem ich selbst über fünfundzwanzig Jahre lang Gemeinden geleitet habe, bin ich mir sicher, dass immer noch ein paar von diesen Unvollkommenheiten in der Gegend herumschwirren.

Wussten Sie, dass das Lebensmittelrecht der USA es erlaubt, dass gesundheitlich unbedenkliche Schokolade 120 Spuren von Insekten oder zwei Haare von Nagetieren pro 300 g Schokolade enthalten darf?

Vielleicht möchten Sie nie wieder Schokolade essen, wenn Sie das gelesen haben. Ich jedenfalls lasse mich davon nicht abschrecken. Ich liebe Schokolade. Der Genuss, den ich beim Essen von Schokolade empfinde, wiegt für mich weit schwerer als die paar Insektenflügel oder Mäusehaare.

Und das hat auch Auswirkungen darauf, wie ich die jüngste Darstellung des Gesetzes der Anziehung durch Rhonda Byrne sehe. Als ich das Buch las, hatte ich eine Menge Einwände. Aber ich wusste auch, dass etwas an dem Ganzen *richtig* war, dass da etwas wirklich Ermutigendes und Stärkendes vorgestellt wurde. Schon allein diese Idee, dass wir nicht einfach Opfer unserer Lebensumstände sind; die Hoffnung, dass das Leben angenehmer sein kann und dass wir der Zukunft mit einem Lächeln und nicht mit Sorgenfalten entgegensehen können; die Vorstellung, dass schlechte Denkmuster durch gute Denkmuster ersetzt werden können – all das hatte für mich auch einen Beigeschmack des Reiches Gottes.

Als ich *The Secret – Das Geheimnis* las, hatte ich eine Menge Einwände. Aber ich wusste auch, dass etwas an dem Ganzen *richtig* war, dass da etwas wirklich Ermutigendes und Stärkendes vorgestellt wurde.

Allerdings gibt es einige Teile der Darstellung, in denen ich mehr Mäusehaare und Insektenflügel finde, als ich zu schlucken bereit bin. (Deswegen gibt es dieses Buch.) Aber im Ganzen gesehen, glaube ich, dass das Gute dieser „Schokolade" die etwaigen Mängel und Schwächen bei Weitem überwiegt. Wenn wir das Gesetz der Anziehung für unsere Zeit entfalten, kann daraus viel Gutes erwachsen. Statt sich entrüstet abzuwenden sollten Christen die Kräfte, die in diesem Gesetz liegen, erkennen und nutzen. Wir sollten Experten darin werden, dieses alte Gesetz der Anziehung anzuwenden.

Meine Lieblingsstellen

Es gibt eine Reihe von „Hochwassermarken" im Gesetz der Anziehung, die, wenn die Christen sie beherzigen würden, die Sache Jesu in dieser Welt deutlich voranbringen könnten. (Dies sind die Teile, die keine Spuren von Insekten und Nagetieren enthalten!)

Die Grundidee

Brillant, so denke ich, ist der Gedanke, der dem Gesetz der Anziehung zugrunde liegt: Was wir denken und fühlen, ist nicht egal. Es spielt eine Rolle. Es kommt darauf an. Es hängt etwas davon ab. Für mich heißt das, dass Gott uns Fähigkeiten gegeben hat, die wir nutzen können, um die Qualität unseres Lebens zu ändern. Dieser Gedanke legt es nahe, dass wir mehr Sorgfalt darauf verwenden sollten, was sich zwischen unseren beiden Ohren so abspielt. Er impliziert, dass Menschen nicht einfach Opfer sein sollen. Und er bedeutet, dass wir unseren Weg und unser Ziel aufzeichnen können, um mehr von der Fülle und von dem Guten zu erfahren, das Gott in diese Welt hineingelegt hat.

Ich liebe die Vorstellung, dass jeder von uns *ganz bewusst* wählen kann, gute Gedanken zu denken – dass unser Vorstellungsvermögen nicht einfach vorgegeben ist, weil wir eben die sind, die wir sind. Nein! Wir können wählen, ob wir unsere Gedanken auf Gesundheit, gute Fürsorge für uns selbst, Frieden, Versöhnung, starke Beziehungen richten wollen – und wenn wir uns entscheiden, diesen Dingen Raum in unserem Denken zu geben, dann werden unsere Gedanken „ausziehen“ und irgendwie diese Dinge, mit denen wir uns beschäftigen, ergreifen und die „Frucht“ unserer Gedanken zu uns zurückbringen.

Die Neurowissenschaft hat Beweise dafür erbracht, dass unsere Gedanken innerhalb der Hirnrinde unterschiedliche elektro-magnetische Frequenzen erzeugen – Frequenzen, die man mit Geräten aufzeichnen kann, die magnetische Resonanzen sichtbar machen. Die Behauptung, dass Gedanken „Schwingungen“ erzeugen, die von modernen Vertretern des Gesetzes der Anziehung aufgestellt wird, ist wissenschaftlich erwiesen.

Der Gedanke, der dem Gesetz der Anziehung zugrunde liegt, ist brillant: Was wir denken und fühlen, ist nicht egal. Es spielt eine Rolle. Es kommt darauf an. Es hängt etwas davon ab.

Worüber es allerdings keine empirischen Daten gibt, ist die Frage, ob diese Frequenzen in die Welt um uns herum ausgestrahlt werden mit dem Zweck, „gleichartige“ Dinge zum Sender dieser Frequenzen zurückzubringen. Das ist bisher nichts als eine Hypothese. Was sollen wir also daraus schließen? Ich weiß, was ich jetzt sagen werde, wird für manche Leser ein wenig nach „New Age“ klingen, aber neue Ideen kommen uns immer ein wenig gewagt vor. Wir wissen vielleicht noch nicht genau, wie das wirkt, aber wir wissen, *dass da etwas wirkt.* Und wir sollten uns nicht scheuen, nachzuforschen, was das sein könnte – etwa aus Angst, dass wir hier Gott ins Handwerk pfuschen könnten (wir kommen noch darauf zurück).

Nervöse Heilige

Ich habe den Eindruck, dass wir Kirchenleute uns zu schnell von neuen Ideen aufregen lassen. Und das war schon immer so. Erinnern Sie sich? Kopernikus. Der Typ, der zu sagen wagte, dass die Erde sich um die Sonne dreht – und nicht, wie alle Welt glaubte, die Sonne um die Erde. Uns mag das selbstverständlich erscheinen, aber damals widersprach Kopernikus' These dem allgemein akzeptierten religiösen Dogma. Die Erde war das Zentrum des Sonnensystems – und die Bibel enthielt genug Belegstellen, um das zu beweisen!

Die Ideen des Kopernikus wurden in zahllosen Pamphleten als Häresie gebrandmarkt. Man befürchtete, seine These würde den Glauben an Gott zerstören. Aber das war nicht der Fall. Wissenschaft und Glaube müssen sich nicht gegenseitig vernichten. Es mag einige Zeit dauern, bis wir neue wissenschaftliche Erkenntnisse durchdacht und in das Weltbild des Glaubens eingeordnet haben, aber wahrer Glaube und solide Wissenschaft finden immer einen Weg, harmonisch zusammenzuleben – schließlich hat Gott beides erschaffen. Traurigerweise sind es immer wieder die Christen, die Verwirrung stiften und nervös werden, wenn es neue Theorien gibt.

Es ist noch gar nicht so lange her, dass Krankheiten als Strafe Gottes betrachtet wurden. Im 14. Jahrhundert, als die Pest Europa durchzog, sah man darin ein Gottesgericht.

Aber dann (im 19. Jahrhundert) entdeckte man, dass Krankheiten durch Keime übertragen werden. Diese Vorstellung traf auf massive Kritik und Skepsis.

Im 19. Jahrhundert starben unglaublich viele Frauen in Europa und in den USA am sogenannten „Kindbettfieber".

Dr. Ignaz Semmelweis, Gynäkologe in einem Hospital in Wien, beobachtete, dass die Sterblichkeitsrate unter den Frauen, die von Medizinstudenten und Ärzten betreut wurden, deutlich höher war als bei den Frauen, die von Hebammen betreut wurden. Er beobachtete außerdem, dass die Studenten häufig direkt aus der Pathologie in den Kreißsaal kamen. Er schloss, dass die Studenten die Infektion aus dem Autopsieraum übertrugen, und ordnete an, dass sie ihre Hände desinfizieren sollten. Das war eine bis dahin nie gehörte Idee! Die Studenten befolgten die Anordnung, und die Sterblichkeitsrate sank von 25 auf 1 Prozent.

Trotz dieser beachtlichen Erfolge stieß Semmelweis mit seiner Theorie bei seinen Kollegen auf Missachtung. Die Idee war zu fantastisch. Zu lächerlich. Zu „magisch". (New-Age-mäßig?) Manche vertraten sogar die Ansicht, dass der Versuch, die Sterblichkeitsrate von Müttern zu senken, ein unerlaubter Eingriff in die Allmacht und Vorsehung Gottes sei.

Semmelweis gab schließlich seine Position im Hospital auf. Später hatte er ähnlich signifikante Erfolge in einer Geburtshilfeklinik. Aber er wurde trotzdem nicht anerkannt. Als er 1865 starb, wurden seine Ansichten weithin für lächerlich gehalten. Warum? Weil Menschen nun einmal dazu neigen, jede neue Idee verächtlich zu machen, weil sie sich dadurch bedroht fühlen. Eine Idee zu bejahen, die es noch nie vorher gab, heißt ja, einzugestehen, dass man bisher auf dem Holzweg war – dass man (Gott behüte!) etwas falsch gemacht hat. Und wir haben zu viel Hybris (Insektenflügel und Mäusehaare) in uns, um das zuzugeben. Und das gilt vielleicht besonders für uns Kirchenleute.

Was wäre, wenn es wahr wäre?

Das Gesetz der Anziehung weckt in mir den Wunsch, daran zu arbeiten, dass ich die richtigen Gedanken denke und meinen Gefühlen mehr Aufmerksamkeit schenke um sicherzustellen, dass ich auch da auf der richtigen Spur bin.

Das grundlegende Konzept, das die Vertreter des *Geheimnisses* präsentieren – die Vorstellung, dass meine Gedanken tatsächlich ausschwärmen, alles, was ihnen entspricht, sozusagen am Arm packen und dann in mein Leben zurückbringen – ist so anschaulich, so eindrücklich, so leicht zu verstehen. Es trägt in sich eine inhärente Warnung davor, negativen und bösen Gedanken in sich Raum zu geben, und zugleich propagiert es eine hilfreiche Haltung, nämlich das Positive und Hoffnungsvolle in sich zu stärken. Dieses Modell weckt in mir den Wunsch, daran zu arbeiten, dass ich die richtigen Gedanken denke und meinen Gefühlen mehr Aufmerksamkeit schenke um sicherzustellen, dass ich auch da auf der richtigen Spur bin. Dieses Modell hilft mir auch zu verstehen, warum auch die Bibel so viel Wert darauf legt, dass glaubende Menschen ihre Gedankenwelt in Ordnung bringen und in Ordnung halten. Es bestätigt, was in den Sprüchen Salomos gesagt wird: „Wie ein Mensch denkt, so wird auch sein Leben sein.“[1]

Und ich glaube nicht, dass dadurch Gottes Anspruch auf unser Leben in irgendeiner Weise bestritten wird. Gott ist noch immer der, der alle Gesetze im Universum erschaffen hat, und er ist es, auf den jegliche Freude und Gesundheit und was immer wir sonst an Gutem erstreben, zurückgehen. Er ist es, der für uns sorgt, der uns Kraft gibt, der heilt, der hilft, der Hoffnung schenkt. Dieses Geheimnis – die Weise, wie wir betrachten, was vor sich geht – gibt uns noch besseren Zugang zu allem, was Gott geschaffen hat. Es ersetzt Gott ebenso wenig wie ein Landwirt Gott ersetzt, der gelernt hat, das Gesetz von Saat und Ernte anzuwenden und dementsprechend zu handeln.

Dieses Modell macht Gott nicht überflüssig. Vielmehr könnte das Gesetz der Anziehung geradezu die *eigentliche Weise* – die Anatomie sozusagen – sein, wie der Wille Gottes durch unser Leben zum Tragen kommt. (Oder, das muss auch gesagt werden, der Wille seines Gegenspielers.) Wenn wir das Geheimnis verstehen, kann uns das ermutigen, gut mit dem uns anvertrauten Gut unserer Gedanken und Gefühle umzugehen.

Wenn es wahr wäre, wüsste ich es schon längst

Für uns Christen ist die Bibel wichtig, und wir behaupten, dass wir in ihr die Stimme Gottes hören. Dann ist es leicht, folgendermaßen zu argumentieren: „Wenn es dieses Gesetz wirklich gäbe, warum sollte uns das ausgerechnet jemand offenbaren, der sich nicht auf die Bibel beruft und nicht an Gott glaubt?" Gute Frage.

Hermeneutik ist eine Methode oder ein Prinzip, das wir anwenden, um Wahrheit zu interpretieren. Jeder von uns hat eine eigene Hermeneutik. Sie hilft uns die Bedeutung dessen zu erkennen, was in der Welt vorgeht. So wurde in der vormodernen Welt eine Naturkatastrophe wie etwa ein Erdbeben oder ein Vulkanausbruch für eine Strafe der Götter gehalten. Das war die Hermeneutik der Menschen zur damaligen Zeit. Götter taten solche Sachen. Wenn sich also Naturkatastrophen ereigneten, dann bedeutete dies, dass irgendjemand eine entsetzliche Tat begangen hatte, die die Götter erzürnte. Und das Unheil war die Vergeltung für diesen unmoralischen Akt.

In der modernen Welt wissen wir, dass Naturkatastrophen auch natürliche Ursachen haben. Das ist *unsere* Hermeneutik. Was frühere Zeiten als Strafe der Götter ansahen, sehen moderne Menschen als logische Folge bestimmter Ereignisse in der natürlichen Welt. Vergeltung hat nichts damit zu tun.

Eine unterschiedliche Hermeneutik führt zu unterschiedlichen Interpretationen.

Die Hermeneutik, die wir anwenden, liefert uns einen Rahmen, um die Daten unserer Erfahrung zu interpretieren, so wie Brillengläser (jedenfalls für die, die sie brauchen) die Sicht der Wirklichkeit bestimmen. Ich erinnere mich noch genau daran, wie ich als Kind meine erste Brille bekam und höchst überrascht war, wie anders ich die Welt jetzt wahrnahm. Alles war auf einmal so klar. Ich hatte mich schon daran gewöhnt, dass ich die Dinge nur unscharf wahrnahm.

Leider muss man sagen, dass viele Christen die Tatsache nicht wahrhaben wollen, dass wir alle auch die Bibel mit unserer eigenen Hermeneutik lesen. Und dies beeinflusst natürlich die Weise, wie wir sie verstehen. Alle möglichen Einflüsse spielen dabei eine Rolle: unsere Erfahrungen, unsere Eltern, die Fernsehgrößen, unsere Freunde, die Gemeinde, zu der wir gehören, die Matrix, unsere Vorurteile, Erwartungen, Hoffnungen, unser Scheitern, dass wir Europäer oder Amerikaner sind, eine Fernsehshow, die wir einmal gesehen haben – all das färbt die Weise, wie wir unsere Welt und unseren Glauben interpretieren. Es färbt unsere Hermeneutik.

Tattoos und Piercing

Sagen wir, Sie sind mit der Vorstellung aufgewachsen, dass es falsch ist, wenn Menschen sich tätowieren oder piercen lassen. Vielleicht war das die Ansicht Ihrer Eltern. Oder als Sie aufwuchsen, waren diese Dinge ganz bestimmten Gruppen vorbehalten: Motorradfreaks und deren Bräuten und Leuten am unteren Rand der gesellschaftlichen Leiter. Ist das ein unfaires Vorurteil? Ganz gewiss. Aber wenn das Ihrer Erfahrung entspricht, dann wird es Ihr Denken beeinflussen.

Was immer der Grund ist, übernommene Meinungen führen uns dazu, dass wir auch biblische Texte mit einer vorbestimmten Selektivität lesen – manche Texte springen uns regelrecht an, während wir andere komplett ignorieren können.

Wir stoßen vielleicht auf den Vers: „Ritzt euch nicht in die Haut, und macht euch keine Tätowierungen!" (3. Mose 19,28), und er fällt uns sofort ins Auge. Und wenn wir eine innere Resonanz spüren, kann sich das wie eine spirituelle Offenbarung anfühlen – wie die Stimme Gottes selbst. *Kein Wunder, dass uns Tattoos und gepiercte Nasen so ärgern*, argumentieren wir. *Gott sieht das genauso.*

Aber wir haben übersehen, dass es im Vers davor heißt: „Schneidet nicht euer Haupthaar rundum ab; stutzt auch nicht eure Bärte" (V. 27). Das ignorieren wir. Aber wenn wir uns entscheiden, dass das Verbot von Tattoos gilt, dann müssten wir logischerweise auch fordern, dass Männer langes Haar und verfilzte, ungeschorene Bärte tragen – und darüber in ein „Preist den Herrn" ausbrechen.

Warum sind wir also nicht fair und gehen vernünftig mit Bibeltexten wie diesem um? Weil etwas in uns eben gern die

Verse betont, die unsere eigene Meinung und unsere Vorurteile bestätigen, während wir gern solche Verse, die das nicht tun, ignorieren. Es ist eine Sache, die Dinge in voreingenommener Weise zu interpretieren, und eine ganz andere, unsere Interpretation als Gottes Willen auszugeben. Aber das tun die Leute jeden Tag.

Und das ist genau der Grund, warum wir auch dafür offen sein müssen, dass uns die Wahrheit dort begegnet, wo wir sie nie suchen würden. Nicht, dass die Bibel uns nicht alles sagen würde, was wir wirklich wissen müssen – ich bin überzeugt, dass sie das tut. Aber wir neigen dazu, sie nur selektiv wahrzunehmen, und selbst wenn uns die Wahrheit schon in die Augen sticht, begreifen wir sie nicht immer.

Wie oft ist es Ihnen schon so gegangen, dass Sie die Bibel aufschlugen, lasen, und dann dachten: Das ist mir ja noch nie aufgefallen!? Die Chancen stehen gut, dass es Ihnen noch oft so gehen wird. Seien Sie also offen.

Wir haben die Wahrheit nicht gepachtet

„Offen" zu sein bedeutet, dass wir aufhören müssen, uns vor „unorthodoxen" Gedanken zu fürchten. Stattdessen sollten wir die Bereitschaft entwickeln, neue Vorstellungen darüber, wie die Dinge in Gottes Schöpfung funktionieren, willkommen zu heißen.

So viele Juwelen der Erkenntnis früherer Zeiten gingen der Kirche nur deshalb verloren, weil sie fremdartig erschienen, weil sie nicht in die Kultur zu passen schienen, in der die Menschen aufgewachsen waren. Nehmen wir das Stichwort „Meditation". In der frühen Kirche gehörte Meditation zu den Kernelementen christlichen Lebens. Aber neuerdings warnt man davor – es könnte sich ja der Geist östlicher Religionen einschleichen.

Wenn der normale Gemeindechrist diese Worte hört, ist er schon dagegen gewappnet. Und jeder neue Gedanke wird wirksam erstickt. Auch in der Kirche passiert es leicht, dass der Geist der Angst vor allem, was irgendwie „anders" ist, sich einschleicht und eine Atmosphäre des Generalverdachts erzeugt. Was ist die Folge? Die Leute hören auf, selbstständig zu denken, und folgen eben der Version von Aberglauben, die oft genug verkündet wird, auch wenn der Beweis für die Richtigkeit dieser Überzeugungen alles andere als schlüssig ist.

Nur weil eine Idee neu ist (oder nur für uns neu), muss sie noch nicht falsch sein. Ebenso wenig muss alles, was darüber gesagt wird, richtig sein.

Aber diese Art von Schlagabtausch bringt uns nicht weiter. Auch die Anhänger heidnischer Vorstellungen essen und schlafen und leben ein normales Leben. Warum hören wir Christen dann nicht auf, diese Dinge zu tun? Auch Nichtglaubende begrüßen sich mit Handschlag und kleiden sich entsprechend der gängigen Mode – sollten wir deswegen damit aufhören? Ist es deshalb falsch, es ebenso zu machen?

Was also?

Was ich sagen will, ist Folgendes: Nur weil eine Idee neu ist (oder nur für uns neu), muss sie noch nicht falsch sein. Und es muss auch nicht alles, was darüber gesagt wird, richtig sein. Wir sollten niemals kritiklos etwas akzeptieren, aber wir sollten lernen, ein wenig entspannter mit Positionen umzugehen, die uns zunächst einmal fremd und potenziell bedrohlich erscheinen. Andernfalls riskieren wir nämlich, dass wir Einblicke in Wahrheiten verpassen, die unser Leben fruchtbarer machen und uns wirklich verändern könnten.

Werfen wir also einen Blick auf eine Technik, die von modernen Vertretern des Gesetzes der Anziehung empfohlen wird (und die von vielen Christen mit äußerster Skepsis betrachtet wird) – die Visualisierung.

6

Das Gesetz der Anziehung in der Perspektive des Glaubens

Nur um klarzustellen: Ich glaube nicht, dass unser Lebenssinn darin besteht, so viel Wohlstand, Gesundheit und Ruhm wie nur möglich zu erwerben. Mir scheint, dass ein auch nur flüchtiger Blick in die Bibel enthüllt, dass ein Leben, in dem man alles hat, was man sich nur wünscht, in Wirklichkeit ein mickriges Leben ist. Lesen Sie einmal das Buch des Predigers oder den Bericht von der Versuchung Jesu in Matthäus 4. Ihm wurde „alle Herrlichkeit der Erde" angeboten – und er entschied sich, das Angebot nicht anzunehmen. Was hat ihn dazu veranlasst? Als sein Schüler ist es mein Ziel, das herauszufinden.

Wenn es um das Gesetz der Anziehung geht, so müssen wir allerdings feststellen, dass ein Großteil des Materials, das sich damit beschäftigt, nicht danach fragt, wie man dieses Gesetz in altruistischer Weise anwenden kann, etwa zum Wohl anderer. Die Mehrzahl der Ratschläge zielt vielmehr darauf, dass der Einzelne, der es anwendet, jedes erdenkliche Maß an Fitness, Glück und Ruhm erwirbt. Ein Großteil der Literatur zu diesem Thema macht den Anwendern mächtige Versprechen, wie etwa diese:

- Sie werden das Geheimnis entdecken, alles, was Sie sich im Leben wünschen, zu bekommen, und Sie werden genau wissen, wie Sie es erlangen werden.

- Sie werden Selbstwertgefühl und Selbstvertrauen in nie gekanntem Ausmaß erfahren.
- Sie werden den Schlüssel zum inneren Frieden und zur Freiheit von Furcht, Zweifel und Sorge entdecken.
- Sie werden ein glückliches und erfülltes Leben führen.
- Sie können wählen, was immer Sie wollen; Ihren Wünschen sind keine Grenzen gesetzt.
- Sie werden das Rezept für persönliche und finanzielle Freiheit entdecken.
- Sie werden schließlich verstehen, warum für manche Menschen immer alles gut ausgeht, und warum andere nie ein Bein an die Erde kriegen.
- Sie werden Herr Ihres eigenen Schicksals sein und lernen, wie Sie die Zukunft herbeiführen können, die Sie sich wünschen.
- Sie werden lernen, wie man „gezielt träumt" und dadurch die eigene Zukunft herbeiführt.
- Sie werden das Geheimnis entdecken, unbegrenzte Energie und Enthusiasmus für jeden Tag Ihres Lebens zu finden.
- Sie werden sich von Überzeugungen und Hindernissen befreien, die Sie einschränken und Sie daran hindern, das zu erreichen, was Sie wirklich wollen.
- Sie können absolut alles haben, sein, tun, was Sie wollen.
- Sie werden sich wie ein neuer Mensch fühlen und jeden Tag Ihres Lebens voller Freude, Erwartung und gespannt auf all das Gute, das Sie erwartet, erleben.

Was Ihnen versprochen wird, ist eine Einweisung in den Gebrauch des Gesetzes der Anziehung (Ihre Gedanken kontrollieren zu können, Ihre Emotionen unter Kontrolle zu bringen, Visualisierungen einzusetzen usw.) mit dem Ziel, Ihnen ein perfektes Bilderbuchleben zu ermöglichen. Sie sollen lernen, innere Bilder, die „nicht mehr förderlich für Sie sind“ zu ersetzen, das „Alte“, das in Ihnen ist, „von sich zu werfen“ und in Ihrem Leben voranzugehen (was in diesem Kontext bedeutet: Vorstellungen von sich selbst als durchgängig „wohlhabend und erfolgreich“ zu kultivieren). Es wird empfohlen, Gedanken und Gefühle zu kultivieren, die Ihnen helfen, eine „lebhafte Vision“ zu sehen – das Leben, das Sie sich wirklich wünschen.

Der Glaube sensibilisiert für die Erkenntnis, dass Besitzanhäufung eine Verschwendung kostbarer Zeit ist.

Da werden Sie aufgefordert, in allen Einzelheiten aufzuschreiben, was Sie sich für Ihr Leben wünschen – in jedem einzelnen Bereich – und sogar Bilder der Dinge auszuschneiden, die Sie gern besitzen möchten. Sie sollen sich vorstellen, wie Sie sich fühlen, wenn Sie all das erst einmal Ihr Eigen nennen, und Freude, Aufregung und Dankbarkeit darüber schon jetzt empfinden. Und auf diesem Weg, so wird versprochen, könne jeder *grenzenlos* alles *haben, sein* oder *tun,* was er nur will.

In all diesen so eingängigen Ratschlägen gibt es nichts, das so radikal oder so fordernd wäre wie das Wort Jesu: „Wer sein Leben behalten will, der wird es verlieren.“[1] Auch nicht einmal annäherungsweise.

Es gibt einen besseren Weg

Weil das Gesetz der Anziehung (in all seinen unterschiedlichen Varianten) immer wieder dazu benutzt wird, in Menschen die *Lust nach mehr* zu beschwören und anzusprechen, reagieren Christen mit Skepsis. Und zu Recht. Der christliche Glaube kann ein Leben, das nur dem eigenen Interesse verpflichtet ist, nicht gutheißen. Wer an Christus glaubt, kann es nicht als Ziel ansehen, *mehr Besitz* anzuhäufen. Vielmehr sensibilisiert der Glaube für die Erkenntnis, dass Besitzanhäufung eine Verschwendung kostbarer Zeit ist und dass er unserer Aufgabe hier auf Erden entgegenläuft.

Der Glaube gibt den biblischen Jungs und Mädels recht, die zu Einsichten kamen wie etwa der Prediger: „Ich gönnte mir alles, was meine Augen begehrten, und erfüllte mir jeden Herzenswunsch ... Ich war glücklich und zufrieden." Aber am Ende stellt er fest: „... ich erkannte: Alles war letztendlich sinnlos – als hätte ich versucht, den Wind einzufangen! Es gibt auf dieser Welt keinen bleibenden Gewinn."[2]

David bittet Gott sogar darum, ihn vor Leuten zu bewahren, die diese Welt zu sehr lieben: „Rette mich, Herr, mit deiner Hand vor diesen Leuten, die im Leben schon alles haben."[3]

Dann ist da Moe (oder Mose, für diejenigen unter Ihnen, die akkurate Namen bevorzugen). Er lebt am Herrscherhof am hippesten Platz der Welt – im L.A. der Antike sozusagen –, am ägyptischen Pharaonenhof. Und Mose ist eine Berühmtheit. Aber er schmeißt das alles hin: „Durch den Glauben verzichtete Mose auf die Privilegien des ägyptischen Herrscherhauses. Er wählte ein hartes Leben mit dem Volk Gottes statt eines opportunistischen, seichten Lebens auf der

Seite derer, die sein Volk unterdrückten. Er zog das Leiden im Lager des Messias dem ägyptischen Wohlstand vor, weil er in die Zukunft schaute und seinen Lohn erwartete. Durch einen Akt des Glaubens kehrte er Ägypten den Rücken ... Er richtete seinen Blick auf den, den kein Auge sieht, und ging seinen Weg unbeirrt."[4]

Und dann ist da noch Jesus selbst. Er sagt von sich, dass er nicht gekommen sei, „um sich dienen zu lassen, sondern um zu dienen und sein Leben hinzugeben als Lösegeld für viele"[5]. Er war ganz ausgerichtet auf die „anderen", nicht auf sich selbst; er verfolgte keinen Lebensstil nach dem Motto: „Ich bin hier, um so viele Murmeln zu sammeln, wie ich nur kann." Vielmehr sensibilisiert der Glaube für die Erkenntnis, dass Besitzanhäufung eine Verschwendung kostbarer Zeit ist.

Ein Gesetz ist immer noch ein Gesetz

Wir mögen uns zwar darüber empören, wenn das Gesetz der Anziehung zu nichts anderem als dazu benutzt wird, egoistische Wünsche zu befriedigen. Aber das bedeutet nicht, dass das Gesetz selbst nicht wirksam wäre. Das Gesetz der Anziehung wirkt, ob wir es nun verstehen und damit übereinstimmen oder nicht. Ich kann verstehen, dass viele Christen aufgrund der einseitig selbstbezogenen Anwendungsvorschläge in jüngeren Publikationen zum *Geheimnis* auf Distanz gehen. Aber ich glaube, wir müssen unsere Position in dieser Hinsicht überdenken. Es wäre töricht zu ignorieren, dass es so etwas wie ein Gesetz der An-

Unsere Kultur hat vergessen, dass es Werte gibt, die nicht nur unseren persönlichen Bedürfnissen dienen.

ziehung gibt. Vergessen wir nicht, dass alle Gesetze in diesem Universum aus Gottes Hand kommen.

Wir müssen die Prinzipien der folgenden Grundideen verstehen, bejahen und anwenden lernen: Wir müssen uns daran erinnern, dass Gedanken und Gefühle eine Bedeutung haben, dass es so etwas gibt wie die Macht der Visualisierung. Ich glaube, Christen müssen lernen, das Gesetz der Anziehung zu nutzen – und zwar, um die Sache Gottes in dieser Welt voranzubringen.

Wir leben in einer Kultur, die vergessen hat, dass es Werte gibt, die nicht nur unseren persönlichen Bedürfnissen dienen. Christen sind aufgerufen, auf diese Werte wieder hinzuweisen. Wir müssen Ziele haben, die über die unmittelbare Bedürfnisbefriedigung hinausgehen. Es ist offensichtlich, dass das Gesetz der Anziehung tatsächlich bewirkt, was wir wünschen. Es gibt zu viele Beispiele dafür, als dass man das grundsätzlich bezweifeln könnte. Aber ich glaube, dass wir lernen müssen, dieses Gesetz zu nutzen, um Dinge zu verwirklichen, die über unsere persönlichen und selbstbezogenen Wünsche weit hinausgehen. Nutzen wir doch dieses Gesetz, um den Willen Gottes und seine Güte in einer Welt zum Tragen zu bringen, die dringend der Heilung bedarf.

Ein besserer Weg

Christen sehnen sich nach einer besseren Welt. Wir sagen Nein zu einer selbstsüchtigen Anwendung des Gesetzes der Anziehung. Aber unser Nein ist kein Selbstzweck. Es enthält ein Ja zu etwas Wichtigerem. Wir wollen lernen, diese Grundgedanken anzuwenden, um das Reich Gottes voranzubringen.

Das heißt nicht, dass man das Gesetz der Anziehung niemals benutzen kann, um bestimmte Dinge für sich selbst zu bekommen. Aber mein Rat wäre: Fragen Sie sich immer: Warum? Jagen Sie nur dem neuesten Modeartikel nach, um mit den Nachbarn Schritt halten zu können? Oder weil Sie glauben, dass Sie so viel wert sind, wie Sie besitzen? Ist es eine Frage der Selbstachtung? Wollen Sie *mehr*, weil es für Sie nichts Wichtigeres gibt als ein bequemes Leben? Oder nutzen Sie das Gesetz der Anziehung dazu, die Welt im Sinne Gottes zu verändern?

Lassen Sie uns die Energie, die wir darauf verwendet haben, mehr Besitz für uns selbst anzuhäufen, umleiten: darauf, Hoffnungsträger zu werden für die, die keine Hoffnung haben.

Es ist nichts Falsches daran, Besitz zu erwerben. Aber es gibt mehr als das neueste Auto, ein Haus am See und eine Motorjacht. Papst Johannes Paul II. hat gesagt: „Der Wunsch nach einem besseren Leben ist nicht falsch. Falsch ist ein Lebensstil, der vorgibt, besser zu sein, dabei aber nur auf ‚Haben' ausgerichtet ist statt auf ‚Sein', und der immer mehr haben will – nicht, um mehr zu sein, sondern um das Leben im Genuss als eines Ziels an sich zu verbringen."[6]

Was wir entwickeln sollten, sind Selbstbeherrschung und Unterscheidungsvermögen, die es uns ermöglichen, den richtigen Gedanken, Gefühlen und Visualisierungen Raum zu geben, solchen, die nicht nur für uns selbst die Welt zum Besseren verändern. Wir müssen die Energie, die wir darauf verwendet haben, mehr Besitz für uns selbst anzuhäufen, umleiten: darauf, Hoffnungsträger zu werden für die, die keine Hoffnung haben.

Die Macht der Visualisierung – was ist das eigentlich?

Visualisierung ist die Übung, Bilder von den Dingen, Ereignissen oder Erfahrungen, die man sich wünscht, vor dem geistigen Auge lebendig werden zu lassen. Visualisierung setzt das Gesetz der Anziehung in Kraft. Was immer im Geist des Menschen vor sich geht, zieht das Objekt dieser Vorstellung an und *schafft so eine neue Realität* für den, der diese geistigen Bilder wachruft. Irgendwie geben unsere Gedanken, Gefühle und Vorstellungen unserer Zukunft eine konkrete Form und Substanz.

Und an diesem Punkt verfällt ein Großteil der Literatur über das Gesetz der Anziehung dem Konsumdenken: *Stellen Sie sich Ihr neues Auto vor. Sehen Sie sich als Besitzer jener Firma. Malen Sie sich Ihr Traumhaus aus.* „Das Gesetz der Anziehung gibt Ihnen alles, was Sie wollen. Es wirkt immer – jedes Mal, für jeden Menschen“, sagen Ihnen die Lehrer des *Geheimnisses*. Und immer reden sie davon, dass es *noch mehr und noch mehr und noch mehr* gibt für die Nummer eins in der Welt: Sie. Ich muss gestehen: In mir regt sich an dieser Stelle immer ein großer Unmut.

Aber trotzdem gilt: Visualisierung ist noch immer eine der wirksamsten Methoden, um die eigenen Gedanken und Gefühle für ein klares Bild der eigenen Zukunft zu nutzen. Selbst die Bibel ist voll von Beispielen für die Wirksamkeit von Visualisierung.

Biblische Visualisierungen

Nehmen wir gleich den Turmbau zu Babel. Das ist mal eine muntere Truppe von Vertretern des Mottos: „Hauptsache ich." Aber was sagt Gott zu ihnen? „Was sie gerade tun, ist erst der Anfang, denn durch ihren vereinten Willen wird ihnen von jetzt an jedes Vorhaben gelingen!"[7] Das sagt der allmächtige Gott zu einem Vorhaben von Menschen! Visualisierung ist wirklich eine Macht.

In der Apostelgeschichte verheißt Gott, dass er seinen Geist in diese Welt senden wird. Als Folge dessen werden Menschen „aus göttlicher Eingebung reden" und „bedeutungsvolle Träume" haben.[8] Gott selbst benutzt Visualisierung, um in unser Leben „hineinzureden". Und jeder, der die Sache Jesu in dieser Welt voranbringen will, tut gut daran, sich mit den Mechanismen zu beschäftigen, um die sich das *Geheimnis* dreht.

Visualisierung ist noch immer eine der wirksamsten Methoden, um die eigenen Gedanken und Gefühle für ein klares Bild der eigenen Zukunft zu nutzen.

Der Prophet Jesaja, berufen, das Wort Gottes dem Volk Gottes auszurichten, sagt einmal: „Bleibt nicht bei der Vergangenheit stehen! Schaut nach vorne, denn ich will etwas Neues tun! Es hat schon begonnen, habt ihr es noch nicht gemerkt?"[9]

Gott hat sein Volk immer wieder aufgefordert zu sehen, zu visualisieren, was er tun würde. Visualisierung. Alle Verheißungen Gottes sind, genau genommen, nichts anderes als eine Einladung dazu, das, was er in Aussicht stellt, vor unserem geistigen Auge wachzuhalten – zu visualisieren.

Das Buch der Imagination

Was könnte nicht alles passieren, wenn wir alle Verheißungen Gottes als Einladung verstehen würden, uns lebhaft vorzustellen, was sein könnte? Statt Bilder von BMWs oder Traumvillen auszuschneiden und an den Kühlschrank zu pinnen, könnten wir Worte an unseren Spiegel kleben, die uns helfen, eine bessere Welt vor unserem geistigen Auge entstehen zu lassen. Stellen Sie sich eine Welt vor, in der die Gemeinde Jesu „Salz der Erde“ und „Licht der Welt“[10] ist – in der Menschen, die an Christus glauben, das Leben für die Menschen etwas „saftiger“ machen; in der Menschen, die an Christus glauben, dem Dunkel dieser Welt etwas entgegensetzen, damit es heller wird. Malen Sie sich eine Welt aus, in der Menschen aus dem Glauben an Gott heraus furchtlos dem Bösen entgegentreten und keine faulen Kompromisse mit irgendeiner Form von Unterdrückung eingehen. Eine Welt, in der christliche Gemeinden sich einsetzen für Gerechtigkeit und Freiheit; in der Menschen, die an Christus glauben, sich selbst „visualisieren“ als solche, die – wie Jesus selbst – sich nicht dienen lassen, sondern die selbst dienen. Stellen Sie sich vor, wie es aussehen würde, wenn christliche Gemeinden mit der Weisheit, der Geduld und dem Mut Jesu den Leidenden, den Verlassenen, den Bedürftigen dieser Welt zur Seite stehen würden. *Malen Sie sich das vor Augen.*

Was würde passieren, wenn wir die Kraft der Visualisierung und das Gesetz der Anziehung in unserem Gebet nutzten? Was könnte nicht alles geschehen! Vielleicht hatte Jesus das im Sinn, als er sagte: „Um was ihr auch bittet – glaubt fest, dass ihr es schon bekommen habt, und Gott wird es euch geben!“[11]

Das könnte heißen: Wir können Gott bitten, uns zu helfen, Frieden in der Welt mit unserer Vorstellungskraft zu befördern.

Stellen wir uns eine Welt vor, in der es keinen Hunger gibt, keine Vorurteile; eine Welt, in der die Verheißung erfüllt ist: „Ich werde meinen Geist ausgießen über alles Volk."[12] Malen wir uns eine Welt vor Augen, in der Menschen nicht mehr entwürdigt werden, in der die Natur nicht mehr unter der Ausbeutung durch den Menschen leidet, in der unterschiedliche Menschen, Völker, Rassen versöhnt miteinander leben, ohne sich gegenseitig das Recht auf Leben streitig zu machen.

Alle Verheißungen Gottes sind nichts anderes als eine Einladung dazu, das, was er in Aussicht stellt, vor unserem geistigen Auge wachzuhalten – zu visualisieren.

Was wäre, wenn Paulus es tatsächlich ernst meint, wenn er schreibt: „Gott aber kann viel mehr tun, als wir jemals von ihm erbitten oder uns auch nur vorstellen können."[13] Was, wenn wir es wagten, uns eben mehr vorzustellen? Was, wenn wir die Gedanken Gottes – seine Verheißungen und seine Hoffnungen für diese Welt – ernst nähmen und sie in unserem Herzen und unserem Geist bewegten (Visualisierung!) und unsere Seele öffneten, damit sein Geist uns erfüllen kann mit Liebe, Freude, Frieden, Geduld, Freundlichkeit, Güte, Treue, Sanftmut und Selbstbeherrschung? *Stellen Sie sich das vor – lebhaft!*

Was wäre, wenn Gott uns die Visionen der Propheten nicht deshalb gegeben hätte, damit wir sie mit den Tagesnachrichten vergleichen und feststellen, dass wieder nichts davon eingetroffen ist – sondern um uns einen „Schnappschuss" der Zukunft zu präsentieren, die Gott für sein Volk vorgesehen hat? Und was, wenn er uns diesen Schnappschuss deshalb sehen ließe, damit wir eine Vision dieser Zukunft in uns wachsen lassen können, eine Vision der Welt, die Gott heraufführen will? Die Bibel spricht davon, dass eine Zeit kommt, in der Gott „mitten unter den Menschen" wohnen wird. „Er wird bei ihnen wohnen, und sie werden sein Volk sein. Ja, von nun an wird Gott selbst in ihrer Mitte leben. Er wird alle ihre Tränen trocknen, und der Tod wird keine Macht mehr haben. Leid, Klage und Schmerzen wird es nie wieder geben; denn was einmal war, ist für immer vorbei."[14]

Was würde passieren, wenn wir unsere Gedanken damit beschäftigten, uns eine Welt vorzustellen, in der Gott mitten unter uns ist, in der es keine Tränen, kein Leid, keine Klage gibt? Was wäre, wenn wir den Auftrag hätten, *diese* Vision im Geist lebendig zu halten? Würde das Gesetz der Anziehung dann auch die Verwirklichung dieser Vision ermöglichen?

Theologen sagen uns, dass es im Reich Gottes so etwas gibt wie den „eschatologischen Vorbehalt" – dass das Reich Gottes zwar *schon* angebrochen, aber *noch nicht* umfassend verwirklicht ist. Jesus predigte: „Jetzt ist die Zeit gekommen, in der Gottes neue Welt beginnt."[15] Und zugleich sprach er davon als von etwas Zukünftigem. Gottes Reich ist irgendwo zwischen „hier" und „noch nicht". Und wie es scheint, haben die Menschen, die an Christus glauben, etwas damit zu tun, wo es sein wird. Jesus hat uns gelehrt, so zu Gott, dem Vater, zu beten: „Dein Reich komme. Dein Wille geschehe, wie im Himmel, so auf Erden."[16]

Was wäre, wenn wir uns das Gesetz der Anziehung in der Weise des Glaubens zunutze machten und das Reich Gottes mehr und mehr in unser Hier und Jetzt „hineinvisualisieren" würden?

Wenn wir als solche, die darin geübt sind, den Tränen und Klagen und dem Leiden begegnen würden, die die Realität dieser Welt ausmachen, dann wären wir unterwegs zum Reich Gottes, und wir könnten die Hoffnung vermitteln, die in der Vision der Ewigkeit liegt. Und ist es nicht das, wozu Christen berufen sind?

Was würde passieren, wenn wir unsere Gedanken damit beschäftigten, uns eine Welt vorzustellen, in der Gott mitten unter uns ist, in der es keine Tränen, kein Leid, keine Klage gibt?

Die Bibel ist sehr deutlich in ihrer Aussage: Die Verheißungen Gottes erfüllen sich nicht von selbst. Wir sind nicht aufgefordert, einfach bequem auf dem Sofa zu sitzen und darauf zu warten, dass Gott in seiner Allmacht die Welt in einen besseren Ort verwandelt. Vielmehr sind wir aufgerufen, „dem Beispiel der Christen [zu folgen], die durch ihr Vertrauen zum Herrn standhaft geblieben sind und alles erhalten werden, was Gott zugesagt hat.“[17]

Es geht mir darum, dass wir als Mitglieder der christlichen Gemeinde das Gesetz der Anziehung und die Macht der Visualisierung nutzen – und zwar zur Ehre Gottes und dazu, sein Reich in dieser Welt voranzubringen, nicht einfach für die eigene Gesundheit, den eigenen Wohlstand, den eigenen Erfolg und den Traum vom perfekten, glücklichen Leben. *Es gibt mehr als das!*

7
Das Gesetz der Anziehung und das Geld

Lassen Sie uns über Geld reden. Auch Menschen, die an Gott glauben, müssen sich Gedanken machen, wovon sie leben wollen – wenn wir auch nicht aufgerufen sind, Konzepte wie das Gesetz der Anziehung nur im eigenen Interesse anzuwenden. Aber das heißt nicht, dass wir es überhaupt nicht anwenden sollen. Wenn wir in ständigem Mangel leben (wenn wir verschuldet sind oder nicht das Auskommen für die Familie aufbringen können), werden wir den größten Teil unserer Energie und unserer Kräfte darauf verwenden, wie wir überleben können – und wenig Kraft frei haben, uns um die Belange von anderen zu kümmern. „Geben ist seliger als nehmen", sagt Jesus.[1] Zwar gibt es viele Gründe, warum dieser Satz wahr ist, einer davon ist jedoch der, dass man genug besitzt, um geben zu können.

Geld ist nicht an sich böse

Viele vermögende Menschen, denen wir in der Bibel begegnen, haben Gott für ihren Wohlstand gedankt. Abraham erwiderte einmal jemandem, der ihm eine Belohnung geben wollte: „Nicht einmal einen Schuhriemen behalte ich von dem, was dir gehört! Du sollst niemals sagen können: ‚Ich habe Abram reich gemacht!‘“[2] Er wusste, dass sein Wohlstand dem Segen Gottes zu verdanken war. Aber er wusste auch, dass sein Wohlstand nicht nur ihm selbst zugutekommen sollte.

Zu Salomo, dem reichsten Herrscher in der Geschichte Israels, sagte Gott: „Ich freue mich, dass du dir nicht ein langes Leben gewünscht hast, auch nicht Reichtum … Du hast mich um Weisheit gebeten … Du sollst bekommen, was du dir wünschst! Ich will dich so weise und einsichtsvoll machen, wie es vor dir noch niemand war und auch nach dir niemand mehr sein wird. Aber ich will dir auch das geben, worum du nicht gebeten hast: Reichtum und Macht. Solange du lebst, soll kein König so groß sein wie du.“[3] Dieser Typ stapelte das Silber in den Straßen, weil es vergleichsweise wertlos war gegenüber den Vorräten an Gold, die er besaß. Jesus nahm Salomo als Beispiel, als er über die verschwenderische Großzügigkeit Gottes redete, mit der er die versorgt, die auf ihn vertrauen.[4]

Wohlstand ist nicht das Problem. Aber unsere Haltungen, Überzeugungen und die Weise, wie wir mit dem Wohlstand umgehen, kann zum Problem werden.

Gott ist nicht kleinlich; er hat den Wohlstand geschaffen und er gönnt uns unseren Anteil daran. Wogegen er allerdings sehr ist, ist, wenn wir die Geldfrage zur zentralen Frage unseres Lebens machen.

Wir könnten Hiob erwähnen, eine Art Bill Gates seiner Zeit. Dann gibt es da im Umfeld Jesu etliche vermögende Frauen, die Jesus und seine Arbeit mit ihren Mitteln unterstützten.[5] Jesus hatte so eine Art, Geld wegzugeben, dass die Jünger, als Judas ging, um Jesus zu verraten, annahmen, er gehe mal wieder fort, um Geld unter den Armen zu verteilen.[6] Jesus hatte also finanzielle Mittel zur Verfügung, aber er lebte einfach und verwendete, was er hatte, nicht nur für sich selbst.

Wohlstand ist nicht das Problem. Aber unsere Haltungen, Überzeugungen und die Weise, wie wir mit dem Wohlstand umgehen, können zum Problem werden. Für Menschen, die an Gott glauben, kann es nie zum vorrangigen Lebensinhalt werden, möglichst viel Besitz anzusammeln. Und dennoch ist Besitz ein wichtiges Thema. Paulus schrieb, wer glaubt, solle „arbeiten und sich mit seinen Händen etwas verdienen“[7]. Die Motivation dazu ist allerdings eine gänzlich andere als die, es sich gut gehen zu lassen. Der Christ solle vielmehr so handeln, schreibt Paulus, „damit er den Notleidenden davon geben kann“. Wenn wir mehr haben, als wir zum Leben brauchen, dann dazu, um auch die Bedürfnisse von anderen, die nicht das Nötigste haben, zu stillen.

Bewusstsein des Mangels

Man muss nicht sehr tief in der Bibel graben, um festzustellen, dass Gott es liebt, seine Schöpfung verschwenderisch großzügig zu versorgen. Das Paradies war ein Ort des Überflusses. Es gab Nahrung und natürliche Ressourcen in Fülle, und es heißt sogar: „Dort gibt es reines Gold.“[8] Oder nehmen Sie die biblische Zukunftsperspektive der Stadt Gottes am Ende der Zeiten, unserer künftigen Heimat: „Die zwölf Tore bestanden aus zwölf Perlen, jedes Tor aus einer einzigen Perle. Und die Straßen waren aus reinem Gold, klar und durchsichtig wie Glas.“[9]

Gott hat nichts gegen Gold. Er liebt schöne Dinge. Er war es, der die physische Welt mit all ihrem Wohlstand geschaffen hat – und er hat gesagt, sie sei „sehr gut“. Zwar sollten wir „Sachen anschaffen“ nicht zur Top-Priorität unseres Lebens machen, aber doch hat Gott diese Erde so geschaffen, dass sie für alle Menschen Gutes in Fülle hervorbringt. Es gibt auf diesem Planeten genügend Ressourcen, damit alle ein ordentliches Auskommen haben. Armut müsste es nicht geben, und es gibt keinen Grund dafür, warum Mangel und Heimatlosigkeit auf diesem Planeten überhaupt existieren müssen.

Aber eines der Grundaxiome der Wirtschaftslogik in einer gefallenen Welt lautet: Es gibt Mangel – und es wird immer Mangel geben. Das folgt aus der schlichten Tatsache, dass wir jeden Tag aufwachen – und das Bedürfnis nach mehr haben. Was wir gestern verbrauchten, ist dahin. Und manchmal ist es schwer, mehr von dem zu finden, was wir brauchen.

Weil das eine universelle Erfahrung ist, warnt die herkömmliche Logik vor einer Verknappung von Ressourcen, wenn die Weltbevölkerung wächst und mehr Länder wirtschaftlich entwickelt sind. Die Ressourcen, so heißt es, werden ausgeschöpft werden, bis die Grenzen erreicht und die Vorräte erschöpft sind. Das scheint ja auch vernünftig zu sein. Denn wenn Ressourcen begrenzt sind, dann ist es logisch, dass verstärkte Nachfrage den Tag, an dem sie von diesem Planeten verschwunden sein werden, schneller heraufführt. *Richtig*?

Auftritt: Die Untergangspropheten

Was liegt also näher, als dass uns die Warnung vor der bevorstehenden Katastrophe nur allzu vertraut ist? Vor allem die zweite Hälfte des vergangenen Jahrhunderts hat sie hervorgebracht, mit immer bedrohlicherem Ton. Die Bevölkerungsexplosion in den Entwicklungsländern und das explodierende Wirtschaftswachstum der Nachkriegszeit veranlassten die Untergangspropheten in Wirtschaft und Wissenschaft zu schrillen und dramatischen Tönen. Es wuchs das Bewusstsein, dass die Zivilisation, wie wir sie kennen, am Rande des Zusammenbruchs steht.

Vielleicht hat Gott die Notiz nicht bekommen

Was wir meistens vergessen: Das ganze Gerede von der Knappheit der Ressourcen ist ein Affront gegen Gott, gegen sein Wesen und seine schöpferische Macht. Der Schöpfungsbericht stellt fest: „Gott segnete sie und sprach: ‚Vermehrt euch, bevölkert die Erde, und nehmt sie in Besitz!‘“[10] Wir lesen nichts von einer Warnung vor Überbevölkerung oder einer Gebrauchsanleitung im Umgang mit knapper werdenden Ressourcen, wenn die Weltbevölkerung wachsen würde.

Das Fixiertsein auf die Knappheit der Ressourcen wurzelt in dem Gedanken: *Ich habe keine Vorräte mehr. Was soll ich tun, wenn es für morgen nicht mehr reicht?* Aber Gottes Methode, für seine Leute zu sorgen, spielt sich nicht im Morgen ab, sondern im Heute. Für das Heute wird gesorgt. Er hat uns nie versprochen, dass genug da sein wird, damit wir horten können. Gott hasst es, wenn wir horten. Als er Israel durch die Wüste führte, sorgte er dafür, dass genug Nahrung da war – für heute. Aber einige sorgten sich, dass morgen vielleicht nichts mehr nachkommen könnte, und versuchten, mehr Manna zu sammeln, als sie für den Tag brauchten. Und was geschah? Der gehortete Vorrat verdarb und wurde ungenießbar.[11]

Gott ist nicht daran interessiert, uns die Sorge zu nehmen, in die wir geraten, wenn wir feststellen, dass unsere Mittel begrenzt sind. Wir hätten gern ein dickes, sicheres Depot, angefüllt mit allem, wovon wir glauben, dass wir darauf nicht verzichten können. Wir wollen uns nicht damit abmühen, die Gelegenheiten zu beachten, in denen wir im Einklang mit dem Rhythmus der Versorgung sammeln können. Und wir sind auch nicht so scharf darauf zu lernen, wie wir im Einklang mit dem Gesetz der Anziehung respektive dem Gesetz von Saat und Ernte handeln können. Wir möchten unser Lager gefüllt sehen, und wenn es geht, dann bitte direkt vor der Haustür und bereits bezahlt.

Gott hat uns nie versprochen, dass genug da sein wird, damit wir horten können.

Und wir wollen das, was wir haben, nicht teilen. Das Bewusstsein der Begrenztheit der Ressourcen passt wunderbar zu unserer gefallenen Natur. Es liefert uns eine Rechtfertigung für unsere Selbstsucht. Wenn es ohnehin nicht genug für alle gibt – dann muss ich auch nicht teilen. Wenn es genug von allem gibt, dann gibt es keine Rechtfertigung dafür, nicht zu teilen. Denn es gibt ja genug für alle. Niemand kommt zu kurz. In einer Welt, in der wir die Fülle haben (und auch davon überzeugt sind), würden wir doch sowohl als Einzelne als auch als Gemeinschaften und Nationen alles daransetzen, diese Fülle allen zugänglich zu machen. Anderen zu zeigen, wie sie aus der Fülle schöpfen können, würde uns ja nichts wegnehmen.

Vielleicht ist Gottes Aufruf zum Teilen gerade darin begründet: in dem Wissen, dass es mehr als genug an Ressourcen auf dieser Erde gibt. Wir müssen nur dranbleiben und die Gesetze anwenden, die er gegeben hat – Gesetze, die dazu führen, dass wir die Fülle erleben.

Ich glaube sogar, dass Gott den Faktor „Ich-weiß-aber-nicht-was-morgen-werden-soll" ganz bewusst ins Spiel gebracht hat und ihn auch haben will. Jesus sagte seinen Schülern: „Zerbrecht euch also nicht mehr den Kopf mit Fragen wie: ‚Werden wir genug zu essen haben? Und was werden wir trinken? Was sollen wir anziehen?'"[12]

„Deshalb sorgt euch nicht um morgen", fährt Jesus fort, „der nächste Tag wird für sich selber sorgen!"[13] Gott will, dass wir die Unsicherheit über das Morgen in unseren Glauben hineinweben – und nicht versuchen, sie zu beseitigen, indem wir möglichst viel Besitz horten.

Vertrauen darauf, dass Gott für uns sorgt, bedeutet nicht, dass wir von Gott erwarten, dass er für uns finanzielle Wunder tut. Er tut sie, aber darum geht es nicht in erster Linie. Vertrauen in Gottes Fürsorge bedeutet, zu glauben, dass Gott *so gut* und *so groß* ist, dass er jedem Menschen auf diesem Planeten geben wird, was er braucht. Gott ist gütig! Und deshalb hat er die Welt durch Gesetze geordnet – das Gesetz der Anziehung, das Gesetz von Saat und Ernte, das Gesetz der Jahreszeiten usw. Er erwartet von uns, dass wir im Einklang mit diesen Gesetzen arbeiten, sie uns zunutze machen und so die Fülle erfahren, die jedem Menschen genug zuteilwerden lässt.

Gott ist kein Narr. Er hätte uns nicht geboten, die Erde zu

bevölkern, ohne dafür zu sorgen, dass es genug Ressourcen gibt, um das Ergebnis einer Befolgung dieses Gebots auch zu versorgen. Ich plädiere hier nicht dafür, dass wir etwa keine Umweltethik und keine Nachhaltigkeit bräuchten – wir brauchen sie. Wir müssen Wälder wieder aufforsten. Wir müssen Wasser und Luft rein halten usw. Aber es gibt auf dieser Erde noch ungeheure ungenutzte Ressourcen. Einer der hebräischen Namen Gottes ist „El Shaddai": „der Gott, der mehr als genug ist". Glauben wir doch, dass er wirklich „mehr als genug" ist.

Wir müssen verstehen: Wenn die Angst vor Knappheit der Ressourcen an unsere Tür klopft, dann ist dabei immer mehr im Spiel. Vielleicht erkennen wir nicht sofort, was; vielleicht braucht es viel Scharfsinn (und viel Gebet), bis wir es erkennen, aber wir können glauben, dass es immer genug geben wird. Unser Glaube an Gott als den Schöpfer erfordert das.

Mehr als genug

Hier ist eine interessante Beobachtung: Vor zweihundert Jahren war Petroleum nichts anderes als eine wertlose Flüssigkeit, die höchstens den Wert eines Grundstücks senkte. Aber irgendwie haben wir herausgefunden, wie man aus dieser Substanz eine Ressource machen kann, die das Leben verbessert. Ist es denn nicht auch vorstellbar, dass der Gott, der uns gebot, die Erde zu bevölkern, auch neues Wissen erschließen wird, mit dem wir in der Lage sein werden, die Menschheit zu versorgen?

Sand ist noch nie als wichtige Ressource betrachtet worden. Aber die Telekommunkationsrevolution und unsere wachsende technologische Einsicht haben aus Sand ein wertvolles Gut gemacht – er ist ein Grundstoff für die Herstellung von Computerchips und für die Glasfasertechnologie in der Telekommunikation.

Welche bisher unentdeckten Möglichkeiten warten noch darauf, entdeckt zu werden, damit sie das Leben auf diesem Planeten bereichern und unterstützen? Was hat Gott wohl noch alles im Ärmel, um uns zu zeigen, dass er der ist, der Gutes tut und „unser Herz mit Freude erfüllt“?[14]

Was, wenn es tatsächlich mehr als genug für alle gibt? Wenn wir davon überzeugt wären, könnte das unseren Kampf gegen die Armut etwas beherzter machen.

Vielleicht ist die Welt tatsächlich kein Ort des Mangels und der Ressourcenknappheit. Was, wenn es noch genug überraschende Möglichkeiten in Gottes verschwenderischer Vorsehung gibt, um das Leben auf dieser Erde zu erhalten und zu versorgen? Was, wenn es tatsächlich mehr als genug für alle gibt? Wenn wir davon überzeugt wären, könnte das unseren Kampf gegen die Armut etwas beherzter machen. Freunde, Geschäftspartner, Gemeinden und Nationen wären vielleicht weniger schnell bereit, um Ressourcen Krieg zu führen.

Vielleicht ist das Problem gar nicht die Fülle oder die Knappheit von Ressourcen. Vielleicht ist es unsere Unfähigkeit zu vertrauen. Wir möchten lieber Vorräte anlegen als vertrauen. Und vielleicht sind wir so zögerlich zu vertrauen, weil wir nicht darüber nachdenken wollen, dass das „Mehr“, das Gott verspricht, hier ist, bei uns. Vielleicht ist es auch eine Sache der Faulheit. Und weil wir nicht gern teilen wollen, was wir haben, ist es vielleicht auch ein Geizproblem.

Eine Menge Vielleichts, die es zu betrachten gilt.

Fülle ermöglichen durch das Gesetz der Anziehung

Der Glaube daran, dass Gott gut genug ist, um für jeden Menschen auf diesem Planeten genug zum Leben bereitzustellen, würde Gott tatsächlich als einen sehr gütigen Gott dastehen lassen. Aber wie können wir diese Fülle anzapfen? Müssen wir ihr nachjagen oder Gott darum anbetteln? Nein. Jesus sagte: „Sucht zuerst Gottes Reich."[15] Will sagen: Sorgt euch vor allem darum, dass Gott zum Zuge kommt, sorgt euch um seine Interessen. Und versucht zu verstehen, nach welchen Gesetzen und Regeln die Dinge in seiner Welt vonstattengehen.

Denn es gibt so etwas wie Grundbedingungen – ebenso wie beim Gesetz von Saat und Ernte. Wenn die Bibel über den Ackerbau spricht, erinnert sie daran, dass Gott es ist, der die Ernte und die Frucht, die das Land hervorbringt, schenkt. Aber dennoch wird kein Landwirt seine Tage vor dem Fernseher verbringen und darauf vertrauen, dass Gott schon irgendwie auf wunderbare Weise Weizen und Mais auf seinen Feldern wachsen lassen wird. Nein, Landwirte warten auf die richtige Jahreszeit; sie bestellen die Felder, bringen die Ernte ein, und sie erforschen das Gesetz von Saat und Ernte weiter, z. B. indem sie mehr über gute Wachstumsbedingungen für unterschiedliche Saaten herauszufinden suchen. Sie verschaffen sich Kenntnisse über Düngung, Unkrautbekämpfung und Zucht von Saatgut – hinter dem Gesetz von Saat und Ernte steckt eine ganze Wissenschaft der Agrartechnik.

Und niemand fragt, ob Wissenschaftler, die sich mit diesen Dingen beschäftigen, etwa die Grenze überschritten haben und Gott ins Handwerk pfuschen. Wir glauben, dass Gott den Menschen die Weisheit gegeben hat, um die Feinheiten der Gesetze zu ergründen, die er etabliert hat. Und wir glauben, dass Gott Dank und Ehre gebühren, wenn es auch Menschen sind, die entsprechend der entdeckten Gesetzmäßigkeiten handeln und die Fülle erfahren.

Wer wird gesegnet?

Ich fuhr auf der Landstraße durch ein ländliches Gebiet. Langsam kam ein Farmgelände in Sicht: große Gebäude, gut instand, alles machte einen sehr ordentlichen Eindruck. Die Gegend war bekannt für ihre vielen Farmen – meist Familienbetriebe. Die, die mir in den Blick kam, war in der Tat beeindruckend: ein schöner Hof, frisch geweißte Zaunpfähle auf den Weiden, Haupthaus und Nebengebäude großzügig und gut in Schuss. Auch die Tiere, die man sah, machten einen gesunden, kräftigen, gepflegten Eindruck.

Ich fuhr vorbei und kam wenig später an einer weiteren Farm vorbei. Welch ein Gegensatz. Sie war völlig verwahrlost. Im Hof wuchs Unkraut. Die Einzäunung des Weidelands war windschief und zum Teil kaputt. Das Dach des Hauses wies Löcher auf, und die Scheunentür hing schief in den Angeln – und Farbe hatten die Gebäude schon etliche Jahrzehnte nicht mehr gesehen. Magere, ungepflegte Rinder standen auf den Weiden.

Man braucht nicht viel Scharfsinn, um zu erkennen, was hier los war. Sicher könnte man sagen, dass der Besitzer der schönen Farm von Gott besonders gesegnet war. Und vielleicht war der göttliche Segen erschöpft, bevor er es zum nächsten Gehöft schaffte, und das sah nun eben so aus, wie es aussah. Aber jeder weiß, dass das keine ausreichende Erklärung wäre. Gott segnet Menschen. Aber er segnet auch ihre *Mühe*. Der „gesegnete" Landwirt hatte sich an die Arbeit gemacht. Der nicht so gesegnete hatte das nicht getan. Und wenn sie die Farmen tauschen würden, würde es nicht lange dauern, bis das Aussehen der Farmen ebenfalls ausgetauscht wäre.

Wunder zweiten Grades

Es ist Gott ein Leichtes, ein Wunder zu tun und so Menschen ihren Lebensunterhalt zu verschaffen (denken Sie an Jesus, der fünftausend Menschen mit ein paar Brotlaiben und einer Handvoll Fische satt macht). Aber es ist kein geringeres Wunder der Fürsorge Gottes, wenn wir eine gute Ernte einfahren, weil wir gelernt haben, im Einklang mit dem Gesetz von Saat und Ernte zu handeln, das Gesetz der Anziehung anzuwenden, oder dem Gesetz des Arbeitens „im Schweiße deines Angesichts" zu folgen, und so das Gute finden, das Gott in diese Welt hineingelegt hat.

Nehmen wir ein Beispiel. Stellen Sie sich vor, Sie haben zwei Söhne, Robert und Thomas. Und die kommen eines Morgens zu Ihnen und bitten Sie um Geld für neue Fahrräder. Sie könnten Ihnen das Geld direkt geben (ein väterliches oder mütterliches Wunder?). Aber Sie wollen ja, dass Ihre Jungs etwas fürs Leben lernen. Und Sie etablieren ein System. Da es in der Nähe Wiesen mit Wildblumen gibt, setzen Sie einen Euro pro Wildblumenstrauß aus, den die Jungs pflücken.

Und die Jungs gehen mit Feuereifer ans Werk. Noch vor dem Mittag lässt Robert Thomas allein auf der Wiese zurück.

Thomas schuftet schwer, schwitzt mächtig und arbeitet, so hart er kann. Nach ein paar Stunden taucht Robert wieder auf – mit ein paar Freunden im Schlepptau. Denen hat er fünfzig Cent pro gepflücktem Blumenstrauß versprochen. Gegen Abend hat sich Robert viel weniger angestrengt, aber er hat das Geld für das neue Fahrrad fast zusammen. Thomas hat nur etwa die Hälfte der nötigen Summe, obwohl er sich viel mehr angestrengt hat.

Robert grinst, denn er hat gelernt, das meiste aus den Regeln herauszuholen, die aufgestellt waren. Aber Thomas kommt zu Ihnen und versucht Sie zu überreden, ihm den restlichen Betrag zu geben (er möchte eine besondere Behandlung), denn er habe ja schließlich viel härter gearbeitet als sein Bruder. Und Sie müssen eine Entscheidung treffen.

Ich weiß nicht, wie es Ihnen geht. Ich jedenfalls würde lieber lernen, gemäß den von Gott aufgestellten Regeln zu arbeiten, als ihm in den Ohren zu liegen, damit er für mich eine Ausnahme macht und ein besonderes Geldwunder tut. Um solche Wunder in finanziellen Dingen zu betteln, kommt mir immer etwas verantwortungslos vor – so, als ob man als völlig gesunder, kräftiger, ausgebildeter Handwerker von der Sozialhilfe lebt. Damit keine Missverständnisse aufkommen: Ich nutze göttliche „Sozialhilfe" mit einer gewissen Regelmäßigkeit – als gefallener Mensch in einer gefallenen Schöpfung ist man eben nicht vollkommen. Aber ich glaube, dass es Gott eher gerecht wird und ihm mehr Ehre bringt, wenn ich dem System zum Erwerb meines Lebensunterhalts, das er aufgestellt hat, traue und entsprechend handle als wenn ich alle naselang einen Notruf zum Allmächtigen schicke: „Brauche-Wunder-sofort-bitte-schick-Hund-mit-Maul-voller-Gold!"

Aber vielleicht geht es ja nur mir so.

8

Wenn das *Geheimnis* zum „dunklen Geheimnis" wird

Das Gesetz der Anziehung, das in *The Secret – Das Geheimnis* erläutert wird, wird zu einem „dunklen Geheimnis", wenn es nur angewandt wird, um die Wünsche, Begierden und Sehnsüchte des Einzelnen zu befriedigen. Wenn man nur für sich selbst lebt, wird die Welt zu einem Selbstbedienungsladen, einem Feld gegenseitiger Verdrängung, einem Ort, an dem es darum geht, selbst gut dazustehen und andere schlecht aussehen zu lassen – einer Umwelt, in der nur die Stärksten und Fittesten überleben. In einer solchen Welt zählen Umfragewerte, Jugend, Schönheit – während die Armen, die Schwachen, die Nicht-Schönen, die Behinderten, die Alten und alles, was weniger als perfekt ist, ausgemustert und vergessen werden.

Wer sein Leben an Christus festmacht, wird aufgerufen, diesem Leben, das nur dem eigenen Wohl verpflichtet ist, den Kampf anzusagen. Das christliche Leben beginnt mit einer Armut im Geist[1], nicht mit einem trügerischen Aufblasen des eigenen Wertes. Unser Ziel liegt nicht darin, in großem Stil zu leben und uns alles unter den Nagel zu reißen, dessen wir habhaft werden können. Unser Ziel ist es vielmehr, Gott darin zu vertrauen, dass er *in uns* zum Zuge kommen will, wenn wir uns selbst im Einsatz für das Wohl anderer – vor allem der weniger glücklichen Menschen – verschenken.

Dieses Leben für andere bewirkt, dass wir teilhaben am Lebensmodell Jesu, am Modell von Hingabe und Gehorsam. Das wird jetzt manchem vielleicht ein wenig zu heiß. Denn in gewisser Weise fühlt es sich so an, als ob wir unsere Freiheit verlieren, wenn wir dem Weg der Liebe folgen. Aber was wir verlieren, ist nur die selbstbezogene, egoistische Version von Freiheit. Die allerdings verlieren wir allmählich immer mehr, je mehr wir wirklich lieben. Und statt uns dadurch eingeengt zu fühlen, entdecken wir (zu unserer Überraschung und unserem Entzücken) eine ganz andere Dimension von Freiheit – die „selbstlose" Version der Freiheit. Und die ist süß. Wir erfahren, was Jesus meint, wenn er sagt: „Wer sich an sein Leben klammert, der wird es verlieren. Wer es aber für mich einsetzt, der wird es für immer gewinnen."[2]

Als Christen vertrauen wir darauf, dass Gott *in uns* zum Zuge kommen will, wenn wir uns selbst im Einsatz für das Wohl anderer verschenken.

Für Gott und seine Sache zu leben ist in gewisser Weise eine Selbstverleugnung. Es ist ein Verpflichtetsein gegenüber etwas Größerem als nur dem Eigeninteresse. Es ist die Entscheidung für ein Leben, das das eigene Ego zähmt und aus dem Zentrum rückt – im Vertrauen darauf, dass Gott selbst zum Zentrum meines Lebens werden wird. Das ist der Weg, auf dem man die Freiheit erfährt, Gott mit ganzem Herzen zu lieben. Aber Sie sollten nicht glauben, dass dieser Prozess darin mündet, dass unsere Autonomie oder unser Ich zerstört werden. Ganz im Gegenteil! Vielmehr wird beides bewahrt und verwandelt und auf die Ebene des Reiches Gottes versetzt. Hier begegnet der Glaubende Gott, er lernt zu lieben, und er erfährt, was ein erfülltes Leben ist.

Für Hedonisten eine harte Nuss

Begriffe wie Hingabe oder Gehorsam sind den meisten Menschen in unserer Kultur vollkommen fremd. Unsere Gesellschaft ist eine Gesellschaft von Hedonisten. *Hedonismus* ist die Überzeugung, dass Spaß, Vergnügen oder Glück die höchsten Güter sind. Hedonisten haben den Genuss oder das Vergnügen zu ihrem Lebensstil gemacht. (Hmmm, möchte vielleicht jemand eine Pizza und einen Film?) Das soll nicht heißen, dass Vergnügen böse oder schlecht ist. Aber Vergnügen als Lebensinhalt? Als höchstes Ziel? Da haben wir ein Problem.

Unsere Kultur ist etwas so erschreckend wenig Vergnüglichem wie „Hingabe“ oder „Gehorsam“ gegenüber nicht eben aufgeschlossen. Wir sind viel zu verwöhnt. Wir glauben, die Welt ist dazu da, dass wir uns nach Belieben aus ihr bedienen können, und wir haben das Gefühl, dass uns zusteht, alles zu tun, was uns eben so in den Sinn kommt. „Alles ist erlaubt“ und „Sei doch nicht so moralisch“ sind die einzigen Regeln, die in „Hedonia“ erlaubt sind.

Die Vorstellung, den eigenen Willen oder die eigene Freiheit aufzugeben, um das Wohl anderer zu ermöglichen, gilt als lächerlich und als komplettes Abschwören der eigenen persönlichen Freiheit. Und Freiheit ist heilig. Wehe, man tastet unsere Freiheit an! Aber der Hedonismus hat seine Probleme. Die Wahrheit ist, diese Art von radikaler persönlicher Freiheit führt letztlich zum Verlust von Lebenssinn und zu einem Gefühl von Wertlosigkeit. Entfremdung und Angst sind immer die Früchte selbstsüchtiger Freiheit.

Die Wahrheit und nichts als die Wahrheit

Wenn man im Leben vor allem Spaß haben will, ist es schwer, die Wahrheit über *irgendetwas* gelten zu lassen. Man hört dann nur das, was man hören will, und jeder, der etwas anderes sagt, wird als Feind wahrgenommen, zumindest aber als lieblos. Verstehen Sie mich nicht falsch: Es gibt durchaus Situationen, in denen es dran ist, andere unkritisch und bedingungslos zu unterstützen. Als unsere Kinder im Kindergarten waren, kamen sie oft mit ihren kleinen Kunstwerken nach Hause. Und meine Frau hatte nichts Eiligeres zu tun, als diesen Bildern einen Ehrenplatz auf der Kühlschranktür zu geben. Ehrlich gesagt – die künstlerische Qualität dieser Werke war schauderhaft. Aber für uns waren es Schätze. Wir konnten uns daran nicht sattsehen, und natürlich lobten wir die kleinen Künstler über den grünen Klee. Das Produkt war wertvoll für uns, weil unsere Kinder uns kostbar sind. Und die unkritische Bestätigung und Unterstützung war entscheidend für die Entwicklung ihres Selbstbewusstseins.

Ein Lebensstil, der Freiheit nur als Freiheit zum Genuss versteht, führt letztlich zum Verlust von Lebenssinn und zu einem Gefühl von Wertlosigkeit.

Unsere Kinder wurden älter, und wir wurden ehrlicher im Blick darauf, ihnen zu sagen, worin sie gut waren und worin weniger. War das immer leicht? Ganz sicher nicht. Aber ehrliches Feedback ist entscheidend für die Entwicklung von menschlichem Verantwortungsbewusstsein. Es verhindert, dass wir in einer Fantasiewelt leben. Wenn Sie ein ehrliches Feedback von einem Menschen hören, der Ihnen wohlgesonnen ist, und es besagt, dass Sie in einem bestimmten Punkt nicht so gut sind, wie Sie vielleicht glauben, dann haben Sie drei Möglichkeiten:

- Arbeiten Sie härter, um wirklich so gut zu werden, wie Sie sein wollen. (Erwarten Sie keine Anerkennung, wenn etwas nicht anerkennenswert ist.) Henry David Thoreau schrieb: „Wenn Sie Luftschlösser gebaut haben, muss Ihre Arbeit keineswegs verloren sein. Geben Sie ihnen Fundamente.“ Wer nicht bereit ist, für die Verwirklichung seines Traumes zu arbeiten, sondern ihn nur träumen will, lebt in einer Fantasiewelt. Und Fantasie ist nicht die Realität. Werden Sie realistisch.
- Bitten Sie Menschen, die Sie respektieren, um ein ehrliches Feedback. Und wenn Leute, die „es wissen müssen“, Sie nicht ermutigen, einen bestimmten Weg einzuschlagen, dann überdenken Sie Ihre Stärken noch einmal und ändern Sie die Richtung. Ein solch ehrliches Feedback mag hart sein und Ihre Träume zerstören – aber es ist ein Realitätstest.
- Schlagen Sie die Meinung der anderen in den Wind und träumen Sie Ihren Traum, bis Wirklichkeit und Fantasie in einer glorreichen Vision verschmelzen. Man nennt das „Betreiben der eigenen Traumfabrik“.

Wo ist eigentlich die Arbeit geblieben?

Ein weiterer ernsthafter Mangel in der Weise, wie uns das Gesetz der Anziehung verkauft wird, ist die Tatsache, dass *The Secret – Das Geheimnis* so gut wie nichts über ernsthafte, zielstrebige, mühsame und schweißtreibende *Arbeit* sagt. Wenn man das Buch liest, gewinnt man den Eindruck, man müsse nur intensiv genug in bestimmten Vorstellungen leben, gute Gefühle pflegen, und träumen – und das ist alles. Dann kommt alles andere auf magische Weise wie von selbst; das Universum besorgt den Rest. Ich glaube auch, dass im Träumen Kraft steckt – Gedanken und Träume sind Mächte. Aber das Gesetz der Anziehung hat mehr zu bieten als den Ratschlag, einfach dazusitzen und vor sich hin zu träumen. Man muss auch Sachen tun – langweilige, harte Sachen, wie etwa weiterhin zur Schule gehen, für Prüfungen lernen, oder strikt Nein dazu sagen, noch mehr Kram anzuschaffen oder mehr Hobbies zu pflegen, wenn es da noch alte Rechnungen zu bezahlen gibt. Und was ist mit Grundhaltungen wie Geduld, Entschiedenheit, Durchhaltevermögen, Mut, Furchtlosigkeit, Standfestigkeit und Treue? All das kann man nicht dadurch ersetzen, dass man einfach *Gedanken* und *Gefühle* ins Universum sendet und erwartet, dass der Kosmos alles zurückwirft, was wir nur wollen – einfach deswegen, weil es uns zusteht. Was ist mit der Idee passiert, dass Menschen arbeiten müssen?

All das kann man nicht dadurch ersetzen, dass man einfach *Gedanken* und *Gefühle* ins Universum sendet und erwartet, dass der Kosmos alles zurückwirft, was wir nur wollen.

Aber wer wollte noch arbeiten, wenn das Universum die Arbeit für uns erledigt? Videospiele und Rund-um-die-Uhr-Fernsehen machen entschieden mehr Spaß als Abendkurse zu besuchen und sich weiterzubilden. Warum hart arbeiten und sich einen Abschluss erwerben, wenn alles, was man tun muss, darin besteht, nette Bildchen von unseren materiellen Wünschen auszuschneiden, uns vorzustellen, das Traumhaus gehöre uns schon und – schwupps! – fliegt uns der Wohlstand nur so zu. Denken und reich werden ist viel leichter als denken plus handeln, sparen, planen, Ausgaben einteilen, sich weiterbilden und hart arbeiten, um reich zu werden. Warum aber sollten wir uns anstrengen, wenn der großzügige Kosmos nur auf unsere Bestellung wartet?

Träum weiter, Mann.

Das Problem mit dem Rezept, sich sein Leben zu erträumen, ist: Es funktioniert nur für die Leute, die die Bücher schreiben, in denen sie anderen diese Rezepte anbieten. Und wenn wir diese Bücher dann auch noch kaufen, beweist es den Autoren, dass herumsitzen und träumen tatsächlich funktioniert – zumindest für sie. Der Rest der Menschheit muss weiter arbeiten.

Superstar-Kultur

In einer Kultur, die sich dem Vergnügen verschrieben hat, verschwimmen die Grenzen zwischen Fantasie und Realität ständig. Das Gesetz der Anziehung einer Kultur wie der unseren anzubieten und nicht vor dieser Gefahr zu warnen, erscheint mir philosophisch unverantwortlich. Ein Schlaglicht auf unsere Unfähigkeit, Fantasie von Realität zu unterscheiden, werfen solche Sendungen wie „American Idol“ (die US Variante von „Deutschland sucht den Superstar“) – eine Realityshow, die Gesangstalente sucht und dem Sieger einen Blitzstart in eine Karriere als Popstar ermöglicht.

In einer solchen Sendung gab es einen Kandidaten, der es sich in den Kopf gesetzt hatte, als Sieger aus dem Wettbewerb hervorzugehen und die Welt von Glanz, Glamour, Geld und der Verehrung der Massen im Sturm zu nehmen. Nachdem er frühzeitig ausgeschieden war, stürmte er aus dem Raum. Zornestränen in den Augen gab er einige Unhöflichkeiten über das Team zum Besten und schrie dann in die Kamera: „Ich bin schon sechzehn – und ich wollte erfolgreich beginnen!"

Er wollte „erfolgreich beginnen" – er wollte nicht für den Erfolg arbeiten. Er konnte nicht verstehen, warum die Jury seinem Erfolgstraum ein so jähes Ende bereitet hatte. Wie konnten diese ♓&♏♎♒ Juroren es wagen, ihm einen solchen Stein in den Weg zu „dem, was ihm zustand" zu legen?

Welchen Nerv hat Rhonda Byrnes Buch *The Secret – Das Geheimnis* getroffen, um auf solche Resonanz zu stoßen?

Ich vermute, es gibt eine Menge Menschen, die ähnlich leben, nach dem Motto: „Du bist es mir schuldig, mir zu geben, was ich will, denn ich bin ja so wichtig und Respekt einflößend und außerdem will ich das so." Unsere Kultur produziert geradezu Menschen, die meinen, dass ihnen alles zusteht, worauf sie gerade Lust haben. Ihnen reicht nicht, was die Unabhängigkeitserklärung jedem Menschen zugesteht: „das Recht, nach Glück zu *streben*", sie glauben, das Glück sei ihr Recht, und zwar sofort. Kein eigenes Zutun erforderlich. Glück hat in ihren Augen auch nicht viel zu tun mit so banalen Dingen wie einem guten Job, einem einfachen Lebensstil, einer glücklichen Ehe. Sie wollen das Rundum-Paket: reich, berühmt und entsprechend angehimmelt sein.

Es ist vermutlich genau diese um sich greifende Superstar-Mentalität, die einem Buch wie Rhonda Byrnes *The Secret* überhaupt erst solch einen Erfolg beschert hat. Es wurde millionenfach verkauft. Warum? Welchen Nerv hat dieses Buch getroffen, um auf solche Resonanz zu stoßen?

Der Hedonismus ist sicher Teil einer Antwort. Wenn das Gesetz der Anziehung einer Kultur präsentiert wird, die eingeschworen ist auf das persönliche Vergnügen und ein Spaßkultur-Glück, wenn dieser Kultur das *Geheimnis* eröffnet wird, wie man alles, was man will, mühelos und jederzeit bekommen kann, und wenn diese „Alles-was-Sie-wissen-müssen-um-das-Geheimnis-für-Sie-selbst-nutzbar-zu-machen“-Information in eine neunzigminütige, eingängige, seichte DVD gebannt wird, deren Atmosphäre der von *Der Da-Vinci-Code* ähnelt, dann ist das natürlich die Mischung für einen unfehlbaren Hit. Es ist ja alles so aufregend, und es bringt uns so viel Spaß. Und Sie müssen natürlich nichts tun, was Disziplin erfordert oder was so hart oder langweilig wäre wie ... nun, etwa lesen.

Und wo bleibt die Ethik?

Sehr kritische Anfragen habe ich an die Weise, wie Byrne und ihr Team das Thema Ethik behandeln. Ethik beschreibt die Grundsätze, nach denen wir unser Leben führen – was wir für richtig, was wir für falsch halten, sowohl im Blick auf das Handeln des Einzelnen als auch für die Gesellschaft. Was hier auf dem Spiel steht ist die Frage: *Wer darf das entscheiden?* Anhänger der hedonistischen Kultur, in der wir leben, werden sagen: „Was für mich richtig ist, muss für dich noch lange nicht richtig sein.“ Und umgekehrt. Sie werden die Position vertreten, dass jeder Einzelne die Frage nach Richtig oder Falsch für sich selbst entscheiden muss. Keine äußere Autorität könne darüber entscheiden – weder ein Staat noch ein Gott.

Der christliche Glaube dagegen vertritt die Auffassung, dass menschliche Ethik im Glauben an Gott wurzelt – er ist der Schöpfer, und ihm kommt das letzte Urteil darüber zu, was richtig und was falsch ist. Wir können Gottes Urteil in diesen Fragen trauen, denn die Bibel bezeugt, dass Gott nicht nach Kriterien wie Ego oder Vergnügen urteilt. Er urteilt entsprechend seines *Wesens*, und dieses Wesen ist *Liebe*. Das bedeutet: Gottes Urteil ist nicht willkürlich – er besteht nicht auf seiner Sicht von Richtig und Falsch, weil er eben Gott ist und die *Macht* hat, zu bestimmen. In anderen Worten: Gottes Urteil über Richtig und Falsch folgt nicht irgendeiner göttlichen Lust daran, Leute herumzukommandieren. Vielmehr ist sein Urteil bestimmt von seinem Wesen, von Liebe – er fordert nur das, was die Liebe fordert. Gott ist nicht selbstsüchtig; er ist vertrauenswürdig.

Gottes Traum, als er die Menschen schuf, war dieser: Er wollte uns als sein Bild erschaffen – wir sollten sein wie er.[3] Gott gab den Menschen dieselbe Freiheit zu wählen, über die er selbst verfügt. Wozu tat er das? Wie sollen wir – nach seinem Willen – mit dieser Freiheit umgehen? War es so gedacht, dass wir einfach eigenmächtig und willkürlich festsetzen, was richtig ist und was nicht – nur aufgrund unserer Gefühle? Oder sollte der Wille des Menschen auf etwas anderes ausgerichtet sein, auf etwas Größeres als selbstbezogene Gefühle oder Launen?

In meiner Gemeinde gab es einmal einen Jungen, der herumschlich und immer wieder den Feueralarm auslöste. Es dauerte eine Weile, bis wir herausgefunden hatten, wer es war. Dieser Bursche glaubte, man drücke den Alarmknopf einfach deshalb, weil man es könne. Er verstand nicht, dass ein Feuermelder auf einen größeren Zweck ausgerichtet ist – nämlich den, Feuer zu melden, wenn es denn ein Feuer gibt. Ganz ähnlich ist es mit unserer Freiheit zu wählen. Wir sollten die Dinge nicht einfach deswegen wollen und wählen, weil wir das *können*; unsere Wahlfreiheit sollte auf einen größeren Zweck ausgerichtet sein – das Wohl aller etwa, oder die Liebe Gottes.

Es war der große Theologe Augustinus (und zwar schon im vierten Jahrhundert), der zuerst davon sprach, dass der Sündenfall des Menschen vor allem unsere Willensfreiheit betrifft. Gott gab dem Menschen einen freien Willen, damit wir damit auf Gottes Richtig und Falsch antworten können. Vor dem Fall lag die Entscheidung darüber, was Gut und Böse ist, nicht bei Adam und Eva, sondern bei Gott. Er sagte es ihnen. Und sie handelten entsprechend. Ihr Wille war ausgerichtet auf Gottes Absichten.

Gottes Urteil über Richtig und Falsch folgt nicht irgendeiner göttlichen Lust daran, Leute herumzukommandieren. Gott ist nicht selbstsüchtig; er ist vertrauenswürdig.

Augustinus sagt nun, dass der erste sündhafte Akt den menschlichen Willen *verkrümmt* hat (lateinisch: *incurvatus*). Er bewirkte, dass der menschliche Wille nun etwas tut, wozu er nicht geschaffen ist. Er hörte auf, sich auf Gott auszurichten (zu gehorchen), und begann stattdessen, Gut und Böse nach eigenen Maßstäben festzulegen, losgelöst vom Zusammenhang der göttlichen Liebe.

Augustinus sagt: Die Versuchung der Schlange bestand darin, Adam und Eva zu suggerieren, sie sollten niemandem gehorchen, niemandem außer sich selbst. Und dass Gut und Böse nicht von außen bestimmt seien, sondern von innen, in ihnen bestimmt würden. Ihre Entscheidung, von der verbotenen Frucht zu kosten, war also wesentlich die Entscheidung, über Gut und Böse selbst zu entscheiden – und zugleich die Entscheidung, nicht länger antwortendes Gegenüber Gottes und seiner Liebe zu sein. Gehorsam gegen Gott war nicht mehr angesagt; Gut und Böse waren jetzt das, was den Menschen gerade einfiel.

Nach dem Fall war der Wille des Menschen nicht mehr auf etwas außerhalb von ihm selbst ausgerichtet. Er wurde eine Macht in ihm selbst. Als der menschliche Wille von einer höheren Absicht entkoppelt wurde, wurde er frei, zu wünschen, was immer er wollte. Es war die Geburtsstunde der Selbstsucht. Das Problem der menschlichen Seele besteht dementsprechend nicht in Unwissenheit, mangelnder Erkenntnis oder unserem Verlangen nach Dingen, die böse sind. Das Problem besteht darin, dass wir selbst bestimmen, was Gut und Böse ist. Das ist der Wurm, der sich in den Apfel der menschlichen Grundsituation hineingefressen hat.

Ethisches Vakuum

Wenn Menschen sich daran gewöhnen, ihre Entscheidungen auf ihr eigenes Urteil über Gut und Böse zu gründen, landen wir in einem ethischen Vakuum. Es gibt dann letztlich nicht so etwas wie „Gut“ oder „Böse“ – jedenfalls nicht in einem universellen Sinn. Damit zieht der ethische Relativismus herauf, eine Position, die postuliert, dass es keine moralischen oder ethischen absoluten Kriterien oder universelle Wahrheit gibt. Vielmehr ist alles relativ. Was gut und was schlecht ist, muss anhand von wechselnden Faktoren bestimmt werden, wie etwa soziale, persönliche, kulturelle Umstände. Das Individuum hat in dieser Welt des moralischen Relativismus Priorität – wen kümmert es denn, was Sie oder ich denken und tun? „Tu, was du willst“ ist das Motto, denn „alles ist gleich gut (oder schlecht).“ (In Klammern: Jeder Diktator eines Dritte-Welt-Staates handelt nach demselben Motto.)

Die Wahrheit ist: Ihre Entscheidungen haben durchaus größeren Einfluss als nur auf Ihr eigenes Leben. Wer das nicht erkennt, läuft Gefahr, mit seinem Handeln großes Unheil anzurichten und andere zu verletzen. Und es vielleicht noch nicht einmal zu merken. Wer seine eigenen Bedürfnisse, Wünsche und Anliegen zur obersten Priorität im Leben macht, wird leicht gleichgültig gegenüber den Bedürfnissen und Wünschen anderer. Und so kann man recht schnell zu einem „ethisch behinderten“ Menschen werden (und wenn Sie es nur intensiv genug glauben, dann schenkt Ihnen das Universum einen besonderen Parkplatz!)

Bruce Allmächtig

Die clevere Komödie *Bruce Allmächtig* dreht sich um den Fernsehjournalisten Bruce Nolan. Am Ende eines besonders widerwärtigen Tages zürnt und schimpft Bruce mit Gott und wirft ihm vor, dass er seinen Job, alles unter Kontrolle zu haben, ausgesprochen schlecht mache. Gott antwortet, indem er Bruce in menschlicher Gestalt erscheint und ihn mit göttlicher Macht ausstattet. Dann fordert er ihn auf, es besser zu machen als er selbst.

Zuerst nutzt Bruce seine neue Macht für eigene Zwecke. Im Namen der Romantik fängt er den Mond ein, bringt ihn besonders nah an die Erde – einfach nur, um seine Freundin in zärtliche Stimmung zu versetzen. Es lässt ihn kalt, dass diese Aktion die Ozeane in Aufruhr versetzt. Er zögert nicht einen Moment, den Mond aus seiner Bahn zu bringen, um sein eigenes Ziel zu verfolgen. Denn schließlich – wie könnte etwas, das man tut, um etwas so fraglos Wunderbares wie die Liebe zu befördern, falsch sein? Am nächsten Morgen ignoriert Bruce denn auch alle Berichte über die Flutwellen, die Häuser und Menschenleben gefordert haben, weil der Mond von seiner gewohnten Bahn abgewichen war.

Das Geheimnis wird zu einem *dunklen Geheimnis*, wenn es eine Kultur des Bruce Allmächtig hervorbringt, in der Menschen ihre Macht nur nutzen, um eigene Wünsche zu befriedigen, ohne den leisesten Gedanken daran, was ihr Verhalten für den Rest der Welt bedeuten könnte.

Wenn wir nicht erkennen, dass es beim Gesetz der Anziehung um mehr geht als darum, alles, wonach uns gerade der Sinn steht, für uns zu beschaffen, dann enden wir in einer Welt voller unrealistischer Fantasterei und Manipulation. Dann wird das Geheimnis zu einem *dunklen Geheimnis*.

Fantasterei und Manipulation für Anfänger

Sie gehen davon aus, dass das Gesetz der Anziehung, alles, was Sie wollen, für Sie beschaffen kann. Und da wünschen Sie sich gerade diese neue Couch. Sie schauen sich schon eine Weile danach um. Und nun tun Sie es mit Hilfe des Gesetzes der Anziehung. Sie blättern in Katalogen, um genau die Couch zu finden, die perfekt für Sie passt. Und dann finden Sie sie in einem Ikea-Katalog (genau … der erste Beweis dafür, dass das Gesetz schon wirkt) – und Sie schneiden sie aus und heften das Bild an den Kühlschrank. Jetzt sind Sie überzeugt: Das Gesetz der Anziehung ist schon dabei, gerade diese Couch für Sie heranzuziehen.

Sie stellen fest: Je mehr Sie sich mit dieser Couch beschäftigen, umso mehr wollen Sie sie haben. Dass es vielleicht einfach Habgier ist, was Sie bewegt, kümmert Sie nicht. Sie glauben, dass eben das Gesetz der Anziehung am Werk ist, und zwar ganz gewaltig. Dann erscheint auf magische Weise eine neue Kreditkarte mit der Post, mit einem Kreditrahmen, der wunderbarerweise genau ausreicht, um die Designer-Couch zu kaufen. Sie wissen zwar, dass das Familienkonto gerade etwas klamm ist, aber das scheint gegenüber dem „Wunder“, das Sie gerade erleben, vergleichsweise unbedeutend. Sie sind überzeugt, dass Sie gerade erleben, wie das Gesetz der Anziehung auf Ihre Gedanken, Gefühle und Vorstellungen reagiert, und dass es Ihnen diese Kreditkarte ins Haus gebracht hat. Jetzt können Sie die Couch kaufen. Natürlich würden Sie gern mit Ihrem Mann darüber sprechen, aber Sie wissen auch, dass er noch nicht so weit ist, das *Geheimnis* zu verstehen.

Es wird zwar etwas schwierig werden, auch dieses dritte Konto noch auszugleichen, aber Sie wollen die Gelegenheit nicht verpassen, mit dem Gesetz der Anziehung zusammenzuwirken – und schließlich wird es ja sicher auch das Geld herbeibringen, das Sie brauchen (oder den nächsten Zusatzjob für Ihren Mann?). Außerdem wollen Sie die Couch so unbedingt! Und Ihre Gedanken ziehen sie förmlich in Ihr Leben hinein. Spüren Sie, welche Freiheit das gibt? Lächeln Sie sich zu! Weiter so! Arrangieren Sie, was Sie nur können, um sich Ihre Wünsche zu erfüllen! Denn nichts ist so wichtig wie Ihre Wünsche, und, Menschenskind, das haben Sie auch verdient.

Stimmt’s?

Fantasterei und Manipulation für Fortgeschrittene

Da stach Ihnen dieser neue Wagen ins Auge. Sie wissen noch nicht genau, wie Sie es anstellen sollen, ihn zu finanzieren, aber in Ihren Gedanken nimmt er immer mehr Raum ein, und das Gesetz der Anziehung hat schon den Motor angeworfen. Mit einer Leidenschaft, die Sie selbst etwas überrascht, vertrauen Sie darauf, dass die Schwingungen, die Ihnen dieses Auto beschaffen werden, schon laut und deutlich gesendet werden. *Es ist schon unterwegs*, sagen Sie sich selbst. Sie haben gebeten, geglaubt – und jetzt ist es Zeit, zu empfangen. Während Sie in ihrer alten Klapperkiste über die Straßen schaukeln, sitzen Sie in Gedanken schon am Steuer des neuen, komfortablen Traumwagens und erleben die Faszination, die er auf Sie ausübt.

Dann kommt Ihnen ein Gedanke: Vielleicht könnte ich ja diesen Wagen einem Freund verkaufen – zu, sagen wir, etwas mehr als dem eigentlichen Wert? Ich war schon immer gut darin, andere zu beschwatzen. Mindestens für die ersten Ratenzahlungen wird es sicher reichen.

Wunderbare Idee! Sie muss direkt vom Universum gekommen sein. Moralische Bedenken? Wieso? Schließlich werden Sie kriegen, was Sie wollen. Und wenn jemand anders dabei übervorteilt wird – dann ist es sein eigener Fehler. Er kennt eben *Das Geheimnis* nicht – wo es doch in jedem Buchladen zu haben ist.

Betrügen Sie sich nicht selbst

Ob wir es nun gern zugeben oder nicht, es bleibt eine Tatsache: Wir sind in der Regel so selbstbezogen, dass wir das Gesetz der Anziehung so nutzen, wie gerade beschrieben. Dann wird es ein übles Rezept für Habgier, soziale Gleichgültigkeit und Schuldzuweisungen (an die Opfer des Systems nämlich). Wenn wir also sichergehen wollen, dass wir das *Geheimnis* nicht schlicht zum Vorwand für Selbstsucht und Gier nehmen, müssen wir uns selbst gegenüber kritisch bleiben. Wir sollten uns erinnern, dass Menschen nun einmal eine Neigung zur Selbsttäuschung haben. Wir glauben, dass wir verpflichtet sind, alles dafür zu tun, dass wir uns gut und wertvoll fühlen. Die Todsünde einer hedonistischen Gesellschaft ist ein geringes Selbstwertgefühl.

Die Todsünde einer hedonistischen Gesellschaft ist es, kein gutes Selbstwertgefühl zu haben.

Aber was wäre, wenn wir uns, so wie wir sind, gar nicht wertvoll und gut fühlen sollen? Wenn wir tatsächlich *fehlerhaft, sogar sündhaft* sind? Gefallene Geschöpfe? Vielleicht stimmt ja, was der Comic-Charakter Pogo so treffend formuliert: „Wir sind dem Feind begegnet – und wir sind es selbst.“ Dann wäre unser Problem nicht, dass wir uns schlecht fühlen, unser Problem ist, dass wir *nicht gut sind*.

Wenn wir uns auf diesen Gedanken einlassen, ahnen wir vielleicht, wie nötig wir es haben, uns nach Gott auszustrecken. Paul Tournier schrieb: „Die Leute, die im Blick auf den Menschen am pessimistischsten sind, sind am optimistischsten im Blick auf Gott.“[4]

Nur in der Bindung an Gott ist sichergestellt, dass aus dem sogenannten *Geheimnis* kein „dunkles Geheimnis“ wird.

9
Zwei Geschichten

Stellen Sie sich vor, Sie treffen eines Tages auf einen Mann, der an einer Straßenecke eine Rede hält. Wenn Sie vom Mars kommen, würden Sie dem vermutlich wenig Bedeutung zumessen. Sie würden einfach annehmen, dass menschliche Wesen gelegentlich auf großen Kisten stehen und Töne von sich geben. Wenn Sie ein Kind wären, wäre Ihr erster Gedanke vielleicht: Hoffentlich dauert's nicht so lange! Schließlich bedeuten die Worte der Erwachsenen für Sie wenig mehr als Laute in einem Comicstrip: har, har, grrrrr, ummmph. Jedenfalls würden Sie nicht viel von der Rede verstehen. Wären Sie aber, sagen wir, ein Historiker auf einer Zeitreise, dann wäre es für Sie sicherlich ein besonderer Augenblick, Zeuge der historischen Stunde zu sein, in der Abraham Lincoln in Gettysburg, Pennsylvania, eine Rede hielt, die in die Geschichte einging.

Was will ich damit sagen? Dass Ihre *Perspektive* – der Ort, von dem aus Sie etwas betrachten – entscheidend beeinflusst, wie Sie die Dinge interpretieren. Und welchen Sinn Sie im Leben sehen und wie Sie darauf antworten. Ihre Auffassung davon, was wirklich um Sie herum vorgeht – Ihre Überzeugung davon, in welcher Geschichte Sie mitspielen – formt und gestaltet im Lauf der Zeit Ihr Leben. Und sie wird auch mit darüber entscheiden, wie Sie das Gesetz der Anziehung verstehen und anwenden.

Was also ist das für eine Geschichte, in der wir mitspielen? Bestimmt Gott, wie die Handlung verläuft? Sind die Menschen ihres eigenen Glückes Schmied? Arbeiten Gott und Mensch zusammen? Und wenn, wie funktioniert diese Zusammenarbeit? Oder geschehen die Dinge einfach so, in ihrer eigenen Dynamik oder völlig zufällig? Wie sehen Sie das? Was, glauben Sie, ist die große Geschichte im Hintergrund all dessen, was in der Welt so vor sich geht?

Ein Kultur wie im *Herrn der Ringe*

J. R. R. Tolkiens Saga von Mittelerde, *Der Herr der Ringe*, beschreibt eine Fantasiewelt, die mit allen möglichen Gestalten angefüllt ist: Menschen, Hobbits, Elben, Zwergen, Orks, Zauberern, Trollen, aber auch mit solchen Geschöpfen wie Ents, Nazgul und Barlogs. Jede dieser Gruppen hat ihre eigene Geschichte, ihre eigenen Legenden, ihre eigene Sicht der Welt und ihre eigene Erklärung für die Geschehnisse, die sich in dieser Welt abspielen. Ihre *Geschichten* sind verschieden, und ebenso unterschiedlich ist auch ihre Interpretation der Wirklichkeit. Philosophisch gesehen ähnelt die westliche Welt der Welt von Mittelerde: Die Überzeugungen und Interpretationen dessen, was täglich geschieht, die in unserer Kultur gelten, sind so unterschiedlich wie bei den Bewohnern von Mittelerde.

Von einer solchen Situation hat der Apostel Paulus gesprochen. Er sah, dass in einer Welt, in der unterschiedliche Geschichten gelten, immer die eine Gruppe die andere zu ihrer Sicht der Dinge bewegen will. Denn jede Geschichte hat eine andere Sicht von Gott (oder den Göttern), von der Rolle (oder dem Wesen) des Menschen und von der Zukunft. Paulus forderte die Gemeinden auf, sich nicht den Geschichten anzupassen, die Menschen sich so ausgedacht hatten.[1] Die Schrift, so sagt er, erzählt uns die Geschichte aus Gottes Sicht, und wenn wir auf diese Geschichte hören, dann wird unser Leben „völlig neu ausgerichtet“[2].

Schauen wir uns zwei der vorherrschenden Geschichten (Metaerzählungen), die die westliche Kultur beherrschen, genauer an. Die eine ist die Geschichte des Glaubens an Gott. Die andere die des Glaubens an den Menschen.

Die Kurzfassung

Auf die Gefahr hin, allzu sehr zu vereinfachen, präsentiere ich Ihnen eine Kurzfassung der biblischen Geschichte: Die Wirklichkeit, die wir kennen, ist die Folge eines Handelns Gottes, der alles, was wir kennen, erschaffen hat. Gott selbst ist nicht auf das begrenzt, was er schuf – er existiert sowohl *innerhalb* (immanent) als auch *außerhalb* (transzendent) seiner Schöpfung. Er schuf diese Welt, weil er Teil von ihr sein will – weil er sein Leben in diese Schöpfung einfließen lassen will. Zu diesem Zweck schuf er Wesen, die fähig sein sollten, ihn, seine Weisheit und Fürsorge in dieser Schöpfung zu repräsentieren. Diese Wesen schuf er ein wenig verschieden von allen anderen geschaffenen Wesen. Er schuf sie als Träger von etwas Einzigartigem: Dem Menschen, keinem anderen Geschöpf, „blies er den Lebensatem ein“[3]. Und auf diese Weise trat er in seine Schöpfung ein. Er wollte, dass seine Herrlichkeit in dieser Welt anwesend sein sollte – und zwar durch die menschliche Erfahrung.

Aber gerade die Geschöpfe, die es Gott ermöglichen sollten, Zutritt zu seiner Schöpfung zu finden, wandten sich in tragischer Ironie gegen ihn und seine Absichten. Wir verloren unseren Weg. Und wir verloren auch den Zugang zu seinem Lebensatem, seiner *Gegenwart*. Wir sind im geistlichen Sinn gestorben, und die gesamte Schöpfung hat sich dadurch ihrem Schöpfer entfremdet.[4]

Was, glauben Sie, ist die große Geschichte im Hintergrund all dessen, was in der Welt so vor sich geht?

Nun gibt es eine gute Nachricht: Gott ist nicht nur der Schöpfer; er ist auch der Erlöser und Erneuerer. Gott fand einen Weg, das Problem zu lösen, indem er selbst wieder Verbindung zum Menschen suchte und seine ursprüngliche Absicht ausführte. In Jesus Christus kam Gott in die Welt (und nahm die Begrenzung des Geschöpfs auf sich). In ihm nahm er unseren geistlichen Tod auf sich, und er fand einen Weg, uns „wiederzubeatmen" – uns, in einem geistlichen Sinn, ein neues Leben einzuhauchen und noch einmal geboren zu werden.[5] Indem Jesus in unser Leben kommt, wohnt Gott aufs Neue in seinen Geschöpfen[6] und wird es schließlich auch wieder in seiner gesamten Schöpfung tun und sie so zurückverwandeln in das, was sie im Ursprung gewesen ist.[7]

Wow. Eine große Geschichte.

Angemessenes Management

Ich glaube nicht, dass der Glaube an Gott und an seinen Plan uns zu Marionetten degradiert. Und ich glaube ebenfalls nicht, dass Gott daran interessiert ist, mitzubestimmen, wen wir heiraten, welchen Job wir annehmen und was wir heute zu Mittag essen sollen. Er will unser Leben nicht in allen Einzelheiten kontrollieren.

Gott, so glaube ich, ist eher wie ein Vater oder eine Mutter. Meine Frau und ich haben vier Kinder (inzwischen alle erwachsen). Und wir hatten sicherlich Ziele und Absichten für sie, einen „Willen“:

Gott will, dass wir unser Leben selbst gestalten – aus der Beziehung zu ihm heraus.

Wir wollten, dass sie glücklich werden.

Wir wollten, dass sie zu verantwortungsbewussten Erwachsenen werden würden, die einen Beitrag für die Allgemeinheit leisten würden.

Wir haben sie angehalten, ihre Talente zu entdecken und zu schulen und in diese zu investieren.

Wir wollten, dass sie jemanden finden, den sie lieben können.

Es gab eine ganze Reihe sehr konkreter Vorstellungen, die wir für unsere Kinder hatten – konkret, und doch auch wieder allgemein genug, um nicht repressiv oder kontrollierend zu sein. Wir wollten ja nicht ihr Leben für sie leben.

Ich glaube, diese Haltung von Eltern gegenüber ihren Kindern macht etwas davon deutlich, was Gottes Wille für unser Leben bedeutet. Er hat für jeden Menschen etwas Konkretes im Sinn. Er möchte, dass wir glücklich sind.[8] Er will, dass wir ethisch verantwortlich leben[9], dass wir unsere Fehler aus der Welt schaffen, indem wir sie uns vergeben lassen[10] und auf diese Weise frei bleiben von Selbstverurteilung und Schuldgefühlen[11], dass wir ein langes und erfülltes Leben haben[12], dass unsere Arbeit und unser Einsatz Frucht trägt[13], dass wir einen Beitrag in dieser Welt leisten[14], dass wir frei sind von Sucht oder Abhängigkeiten[15], dass wir uns heil und ganz fühlen[16] und so weiter.

All das sind sehr konkrete Anliegen, die Gott für uns will – konkret und doch allgemein genug, um uns Gestaltungsspielraum zu lassen. Gott will nicht unser Leben für uns leben.

Das Schneewittchen-Prinzip

Es mag vielleicht etwas merkwürdig erscheinen – aber als glaubende Menschen leben wir unser Leben, indem wir jemanden lieben und jemandem dienen, den wir nie gesehen haben. Aber das ist die Weise, wie Glaube Glaube sein kann. Gott ist unsichtbar. Aber die Spuren seiner Aktivität sehen wir überall. Der geniale Mathematiker Blaise Pascal schrieb im 17. Jahrhundert:

> Wenn Gott den Widerstand der Verstocktesten überwinden wollte, hätte er das tun können, indem er sich ihnen so klar offenbart hätte, dass sie nicht mehr an seinem Wesen zweifeln könnten … Es gibt genug Licht für die, die nur zu sehen wünschen – und genug Dunkelheit für die, die zum Gegenteil disponiert sind.[17]

Gott, so scheint mir, schleicht durch unser Leben wie Schneewittchen durch das Haus der Zwerge. Die Zwerge kommen nach Hause und stellen fest, dass *irgendwer* vom Haferbrei gegessen hat, dass *irgendwer* im Sessel gesessen und schließlich im Bett gelegen hat. Und erst nach einer Weile entdecken sie, dass es Schneewittchen war.

Ich glaube, dass Gott – in Schneewittchen-Manier – sich in unser Leben einmischt, bevor wir ihn erkennen. Er nippt an unserem Haferbrei (berührt unsere Seele auf eine Weise, die uns bestimmte Dinge interessanter erscheinen lässt als andere); er sitzt in unserem Sessel (er gestaltet uns so, dass wir über die Dinge lachen, über die wir lachen, und über die Dinge weinen, über die wir weinen); er schläft in unserem Bett (formt uns so, dass wir bestimmte Dinge als erfüllend erleben und andere nicht; dass wir uns hier richtig und woanders fehl am Platz fühlen). Und obwohl er es ist, der all das tut, und obwohl wir das Ergebnis seines Tuns spüren, bekommen wir ihn selbst nicht zu Gesicht – erst am Ende der Geschichte.

Frei, um zu sein

Es ist in Ordnung, im Leben Entscheidungen zu treffen. Sorgen Sie nur dafür, dass Sie Gott ein Mitspracherecht einräumen.

Wir haben also nicht zu befürchten, dass es, wenn wir nach Gottes Willen fragen, nur *einen ganz spezifischen Weg* gibt, den wir gehen sollen – etwa nur einen ganz bestimmten Ehepartner oder eine einzige berufliche Wahlmöglichkeit. Oder dass wir den Willen Gottes verfehlen, wenn wir nun genau diese eine Möglichkeit nicht finden. Vielmehr schenkt Gott uns eine große Freiheit. Solange die Richtung unseres Herzens die ist, dass wir Gott lieben und für seinen Einfluss in unserem Leben offen sind, haben wir alle Freiheit, den Weg zu gehen, auf dem wir Freude, Glück, Liebe und Lachen finden. *Also, machen Sie sich auf!* Gott wollte, dass das Leben ein Abenteuer ist. Er möchte, dass wir es genießen.

Entdecken Sie die Dinge, die Sie glücklich machen – das sind die Dinge, mit denen Sie auch Erfolg haben werden. Finden Sie heraus, wobei Ihr Herz lebendig wird, womit Sie sich gut fühlen – und Sie werden sich mitten in seinem Willen befinden. Und sollte Gott etwas anderes von Ihnen wollen, wird er es Ihnen deutlich machen.

Es gibt also keine Verpflichtung dazu, ängstlich danach zu fragen, was genau Gott nun für Sie und Ihr Leben vorgesehen hat. Genießen Sie Ihre Freiheit, Ihr Leben zu leben – und während Sie das tun, hören Sie auf Gottes Stimme. Es ist in Ordnung, im Leben Entscheidungen zu treffen. Sorgen Sie nur dafür, dass Sie Gott ein Mitspracherecht einräumen – und rechnen Sie damit, dass er Sie eine andere Richtung führen könnte, als Sie ahnen.

Gott ist kein Großvater

Das Leben soll Spaß machen. Gott hat es so angelegt. Aber es gibt auch Zeiten, in denen Gott uns das Leben schwer macht. Wenn wir ihm vertrauen, wird uns dieses Vertrauen durch die schweren Zeiten hindurchtragen. Wenn nicht, kann das ernsthafte Probleme bedeuten.

Gott ist nicht wie ein Großvater. Glauben Sie nicht, dass es Gott allein darum geht, dass wir stets und ständig „glücklich und zufrieden" sind. Großväter neigen dazu, alle Fehler in den Enkelkindern zu übersehen und Konfrontation zu vermeiden. Opa hat nur das Ziel, dass am Schluss alle zufrieden sind und ihren Spaß gehabt haben. Aber Jesus hat uns nicht empfohlen, zu beten: „Lieber Opa im Himmel!" Er empfahl uns, zu beten: „Unser Vater im Himmel …".

Ein Vater muss nicht nur gut für seine Kinder sorgen; er muss sie auch korrigieren, wenn sie falsch liegen. Gott liebt uns, aber nicht so, dass er ständig dafür sorgt, dass wir mit einem Lächeln durchs Leben gehen. Wenn wir selbstsüchtig, hasserfüllt, habgierig ... schlicht: falsch leben, kann er uns gewaltig in die Quere kommen, und behandelt uns nicht „nett“, sondern so, dass wir uns darüber nicht freuen.[18] Und zwar gerade, weil er uns liebt. Weil wir Söhne und Töchter sind, die von ihm Erwählten, die Gesandten. Er glaubt an uns, er vertraut uns und erwartet, dass wir ihn repräsentieren! Sie und ich zählen! Es kommt auf uns an! Wir sollen seine Absichten mit dieser Schöpfung verwirklichen.

Natürlich können wir Nein sagen. Dann zieht Gott sich zurück. Und das ist eine erschreckende Möglichkeit. Als Israel sich von Gott abwandte, sagte er: „Mein Volk hat nicht auf mich gehört, sie haben nicht mit sich reden lassen. Da überließ ich sie ihrer Starrköpfigkeit, und sie machten, was sie wollten.“[19]

Mach doch, was du willst!? Ich möchte das nicht von Gott gesagt bekommen. Sie?

Die Propheten kommen

Weil Gott wie ein Vater zu uns ist, hören wir seine Stimme immer wieder auch so, dass uns nicht schmeckt, was er zu sagen hat. Israel, seinem Volk, das immer wieder törichte Wege ging, sendet er die Propheten. Und deren Botschaft war nicht immer tröstlich.

Bis heute sendet Gott seine Propheten. Die Mahner. Menschen, die uns nachdenklich machen, weil sie konsequent umsetzen, was sie glauben. Ein Angebot, sich mit Fragen sozialer Gerechtigkeit auseinanderzusetzen. Eine Anfrage, sich zu engagieren. Eine Mahnung, dass Alkohol eine nicht zu unterschätzende Gefährdung darstellt. Eltern, die ihren Kindern nicht alles durchgehen lassen. Politiker, die auf die Folgen unserer Ressourcenverschwendung hinweisen und nicht nur nach Lobbyinteressen handeln.

Die Propheten sind überall. Ihre Botschaft ist zwar unbequem, aber es ist töricht, nicht auf sie zu hören.

Eine andere Geschichte

Ganz anders als die große Geschichte, die die Bibel anbietet, klingt die verbreitete Geschichte, mit der unsere Kultur sich die Welt erklärt. Hier gibt es keinen Gott, keine Propheten, keine Richter und keinen „göttlichen Plan", mit dem man sich zu beschäftigen hätte.

Die Überzeugung, dass das Universum ein Produkt des Zufalls ist, hat Einfluss darauf, wie man auf das Leben reagiert.

Das Universum ist das Ergebnis eines Zufalls. In dieser Geschichte war alles, was existiert, schon immer da. Es gibt keinen Schöpfungsakt. Die Materie ist ewig – und das ist alles, was sich sagen lässt. Der Astrophysiker Carl Sagan erzählt diese Geschichte, in ironischer Anspielung auf eine alte liturgische Formel, so: „Der Kosmos ist, was da ist, was da war und was da kommen wird."[20]

Das Universum ist einfach ein geschlossenes System – wie die Wasserleitung in einem Haus. Es gibt darin keine Möglichkeit einer Einflussnahme von außen. Wenn es einen Gott gibt, so ist er irrelevant. Die Geschichte hat keinen Sinn; sie ist nichts als die Aneinanderreihung von Ereignissen – eine Folge von Ursache- und Wirkungszusammenhängen ohne übergreifendes Ziel.

In dieser Geschichte ist der Mensch nichts Besonderes. Er erschien auf der Bildfläche, als der Zeitpunkt reif und die Evolution weit genug fortgeschritten war. Es gibt kein Schicksal, keine Bestimmung, keinen Sinn des Menschen. Menschliche Wesen sind nichts als komplexe Maschinen, die aufgrund chemischer und physikalischer Vorgänge, die wir noch nicht völlig verstehen, Persönlichkeit entwickelt haben. Das Mysterium des Lebens ist eigentlich kein Mysterium; es ist mechanische Komplexität.

Die Überzeugung, dass das Universum ein Produkt des Zufalls ist, hat Einfluss darauf, wie man auf das Leben reagiert. Ethische Fragen und moralische Überzeugungen sind eine rein menschliche und immanente Angelegenheit. In dieser Geschichte ist die Bühne frei für die Apostel des Absurden, die jeden von allem überzeugen können – denn alle Überzeugungen und Glaubensbekenntnisse sind in dieser Welt gleich gültig.

Mr. Universum

In einer Realität ohne Schöpfer gleicht das Universum einem gigantischen Uhrwerk, dessen Rädchen und Zeiger sich mit mechanischer Präzision bewegen und ihren Weg durch die Zeiten perfekt geordnet hindurchticken – aus eigenem Antrieb natürlich. Gott, wenn es ihn überhaupt gibt, hat mit dem Universum nichts zu tun; schon gar nicht ist er immanent oder etwa im Sinne einer Vorsehung am Weltgeschehen beteiligt.

Wer dieser Geschichte anhängt, kann leicht zu dem Schluss kommen: Ich muss für mich selbst kämpfen. Der Stärkere überlebt. Und das ist nicht weit entfernt von einem Lebensstil, in dem „Ich zuerst“ und „Sieh zu, was du ergattern kannst“ das vorherrschende Motto sind.

Der Mensch ist weder perfekt noch „gefallen“. Er ist einfach Teil der Maschinerie, und es liegt an ihm, mit dem Rest des Getriebes reibungslos zusammenzuwirken (inklusive etwa dem Gesetz der Anziehung). Sünde oder Gnade sind sinnlose Begriffe. Hauptsache, die Party geht weiter. Der Mensch muss lernen, das Beste aus dem Leben herauszuholen, und möglichst vermeiden, im Leben unter die Räder zu kommen.

Von Menschen, die diese Geschichte für wahr halten und die mit dem Modell von *The Secret – Das Geheimnis* in Berührung kommen, kann man Äußerungen hören wie diese:

- Das Universum wartet darauf, dass du ihm deine Wünsche mitteilst. „Dein Wunsch ist mir Befehl“ ist die Botschaft dieses Universums.
- Das Universum ist dein Schutzengel, dein höheres Selbst.
- Gib dem Universum deine Befehle, lass es wissen, was du willst.
- Das Universum antwortet auf deine Gedanken.
- Menschen lernen immer besser, die Macht des Geistes zu nutzen; eines Tages werden wir fähig sein, zu tun, zu schaffen, was immer wir wollen – es wird keine Grenzen für menschliches Handeln geben.
- Das Universum ist dein Katalog. Du kannst dich daraus bedienen. Es ist wirklich so einfach!
- Das Universum wird sich selbst so arrangieren, dass deine Wünsche befriedigt werden.
- Du kannst alles haben, was du nur willst. Es gibt nichts und niemanden, der darüber urteilt. Richtig und Falsch existieren nicht.

Wow. Schauen wir uns an, wie diese Überzeugung sich auf das Leben auswirken kann. Sie setzt voraus, dass das Universum mechanistisch ist: ohne Sinn, ohne Absichten, und kalt. Es gibt keinen Adressaten, zu dem man etwa beten könnte, außer vielleicht in dem Sinn dieses alten Gedichtes von Steven Crane aus dem 19. Jahrhundert:

> „Sir, ich existiere."
> „Allerdings", antwortete das Universum.
> „Aber diese Tatsache weckt in mir keinesfalls
> das Gefühl irgendeiner Verpflichtung."

Auf die Geschichte kommt es an

Welche Geschichte Sie für wahr halten ist nicht gleichgültig. Denn das wird gravierend beeinflussen, wie Sie sich selbst sehen und wie Sie auf das reagieren, was Ihnen begegnet. Wenn diese Welt tatsächlich ein Zufallsprodukt ist, dann ist das Leben nichts anderes als der Kampf ums Überleben des Stärkeren, und darin kämpft jeder für sich selbst.

Wenn die Geschichte der Bibel zutrifft, dann stecken wir mitten in einer aufregenden Geschichte. Und diese Geschichte besagt, dass es auf uns ankommt. Und dass das, was wir im Leben tun, wichtig ist. Dass es nicht egal ist, wie wir leben. Denn wir sind Teil von etwas, das größer ist als wir selbst, Teil einer Geschichte, die Gott erzählt. In dieser Geschichte hat unser Leben ein Ziel und einen Sinn, und unsere erste Aufgabe besteht darin, Gott in dieser Welt Raum zu verschaffen.

In meinen Augen ist das die bei Weitem bessere Geschichte.

10

Das wahre *Geheimnis*

Als ich mich mit Rhonda Byrnes Darstellung des *Geheimnisses* beschäftigte, rief das in mir ambivalente Gefühle hervor. Ich war ermutigt, aber auch traurig. Ermutigt, weil das Verlangen nach einem besseren Leben zeigt, dass auch heute die Menschen sich nach etwas sehnen, was über sie selbst hinausgeht. Traurig, weil ich in der Antwort auf diese Sehnsucht, die *The Secret – Das Geheimnis* gibt, keinen Hinweis oder keine Verbindung zu Gott erkennen konnte. Aber ich glaube, dass jeder, der seiner Sehnsucht wirklich folgt, schließlich auf Gott, auf sein Angebot und seinen Anspruch in Christus stoßen wird.

Es gibt eine provozierende Geschichte im Leben des Apostels Paulus, in der sich dieselbe Ambivalenz zeigt. Paulus war auf einer seiner Missionsreisen nach Athen gekommen. Athen war eine Stadt ohne Gott, eine Stadt, die Christus nicht kannte. Und Paulus war überrascht darüber, wie religiös diese Stadt war. Sie war voller Altäre für eine Fülle von Göttern.

Zuerst, so sagt die Bibel, „entrüstete sich sein Geist in ihm“[1] – er war etwas traurig, scheint mir. Aber als er in der Stadt umherging, fand er etwas, das ihn im Blick auf die Situation in Athen ermutigte – da gab es einen Hinweis darauf, dass Gott in dieser Stadt am Werk war. Einen Beweis, dass die Menschen „recht viel Scheu vor den Göttern hatten“[2]. Er fand einen Altar, der einem „unbekannten Gott" gewidmet war. Und er erklärte: „Diesen Gott, den ihr, ohne ihn zu kennen, verehrt, den verkündige ich euch, damit ihr ihn wirklich verehren könnt und wisst, mit wem ihr es zu tun habt."[3]

Dann fuhr er fort, den Athenern zu sagen, dass Gott ihnen schon immer nahe gewesen war, dass er sogar bestimmt habe, „wo und wie lange jeder Einzelne leben solle"[4]. Und dies, sagt Paulus, habe Gott getan, „weil er wollte, dass die Menschen ihn suchen. Sie sollen ihn spüren und finden können. Und wirklich, er ist jedem von uns ja so nahe!"[5] Er behauptet sogar, dass *alle* Menschen eingeschlossen sind in Gottes Sorge und Fürsorge, denn „durch ihn allein leben und handeln wir, ja ihm verdanken wir alles, was wir sind."[6]

Diese Geschichte fasziniert mich immer wieder. Was Paulus hier sagt, ist doch, dass Gott in dieser heidnischen Kultur schon längst am Werk war, bevor Paulus die gute Nachricht von Jesus Christus dort bekannt gemacht hatte. Gott war es, der den Athenern ihren Wunsch eingab, einen Gott zu verehren. Aber Gottes Wirken war noch undeutlich und es sollte seine Vollendung erst in der Geschichte von Jesus Christus finden. Das Evangelium, die gute Nachricht, war nötig, um offenzulegen, wie Gottes Traum für seine Menschen aussieht. Aber Paulus ist ganz eindeutig darin, dass Gott im Leben jedes Menschen, jedes Volkes in jedem Augenblick am Werk ist – ob Menschen das nun erkennen oder nicht. Viele sehen das nicht – und sie bauen Altäre für einen Gott, den sie (noch) nicht kennen.

Und so erkläre ich mir auch, warum *The Secret – Das Geheimnis* so unglaublich populär geworden ist. Menschen greifen danach, weil sie auf eine Veränderung hoffen, weil sie sich danach sehnen, dass sich etwas ändert, weil sie ein Leben suchen, das nicht beengt oder bedrückend ist. Was sie suchen, ohne es zu wissen, ist Jesus und die „neue Schöpfung“, die in ihm beginnt.

Es gibt hier kein Wasser

Die Bibel sagt, dass Gott den Menschen die Ewigkeit ins Herz gelegt hat.[7] Etwas weniger poetisch ausgedrückt: Er hat im Herzen des Menschen ein „gottförmiges Vakuum“ geschaffen – eine Leere, die mit nichts anderem gefüllt werden kann als mit Gott selbst. Wir können versuchen, dieses Vakuum mit allen möglichen anderen Dingen zu füllen (Träumen, Zielen, Erfolgen, Anerkennung, Schönheit, materiellen Dingen), aber wir werden spüren, dass trotz allem, was wir erreichen, eine Leere bleibt (die Britney Spears' dieser Welt können das bestätigen).

Nichts auf dieser Welt wird den Gottesdurst der menschlichen Seele stillen.

Einer der Psalmdichter sagt es so: „Gott! Du bist mein Gott! Ich sehne mich nach dir, dich brauche ich! Wie eine dürre Steppe nach Regen lechzt, so dürste ich, o Gott, nach dir.“[8] *Nichts* auf dieser Welt wird den Gottesdurst der menschlichen Seele stillen. Darauf nimmt Henry David Thoreau Bezug, wenn er schreibt: „Die Masse der Menschen lebt ein Leben stiller Verzweiflung.“ Dieser Durst wird nur gestillt, wenn ein Mensch Gott begegnet – in Jesus Christus. Selbst der beste Umgang mit dem Gesetz der Anziehung und alle Gesundheit, aller Wohlstand und aller Erfolg, den man damit auf dieser Erde erreichen kann, stillen unseren Durst nicht, denn es ist der Durst nach Gott.

Jesus hat einmal an einem Dorfbrunnen eine Begegnung mit einer Frau. Er bittet sie um Wasser und kommt mit ihr ins Gespräch, und im Verlauf dieses Gesprächs sagt er zu ihr: „Wenn du wüsstest, was Gott dir geben will und wer dich hier um Wasser bittet, würdest du mich um das Wasser bitten, das du wirklich zum Leben brauchst. Und ich würde es dir geben." Und dann fährt er fort: „Wer Wasser aus diesem Brunnen trinkt, wird bald wieder durstig sein. Wer aber von dem Wasser trinkt, das ich ihm gebe, der wird nie wieder Durst bekommen. Dieses Wasser wird in ihm zu einer Quelle, die bis ins ewige Leben hineinfließt."[9]

Die Menschen sind durstig, auch heute. Der Erfolg von *The Secret – Das Geheimnis* zeigt das deutlich. Aber alles Wasser, das diese Welt uns bietet, stillt diesen Durst nicht. Der Durst der Seele wird nur gestillt, wenn ein Mensch Gott kennenlernt.

Wir sind in Schwierigkeiten

Das klingt vielleicht wie eine schlechte Nachricht: Der Mensch ist nicht, was er sein sollte. Wir sind „gefallene Geschöpfe". Wir laufen am Ziel unseres Lebens vorbei. Wir brauchen Hilfe. Der biblische Bericht vom Sündenfall in 1. Mose 3 beschreibt die Wirklichkeit des Menschen: Wir sind eine Art „geborene Verlierer". Wir sind beschädigt. C. S. Lewis schrieb: „Schauen Sie sich selbst einmal gründlich an, und früher oder später stoßen sie auf Hass, Einsamkeit, Verzweiflung, Zorn, Ruin und Verfall." Kein schönes Bild. Nicht das, was Gott im Sinn hatte, als er den Menschen schuf. Zu negativ?

Aber es gibt eine gute Nachricht: Gott hat es sich zum Ziel gesetzt, den beschädigten Menschen zu heilen. Er sieht uns – mit all unseren Mängeln – und wir sind ihm wertvoll. Und er hat seinen Rettungsplan verwirklicht, als wir, wie Paulus schreibt, „noch fern von ihm waren“[10]. Die moderne Psychologie hat lange die Vorstellung abgelehnt, dass der Mensch „gefallen“ sei, nicht nur gut. Das geschah vielfach aus der Erfahrung heraus, wie zerstörerisch und lähmend sich ungelöste Schuld auswirkt. In dem Bemühen, Schuldgefühle zu reduzieren, haben Psychologen die Vorstellung bekämpft, es gäbe so etwas wie Gut und Böse, oder gar etwas wie *Sünde*. Nun wird uns empfohlen, alles dafür zu tun, damit wir uns „gut fühlen“, Selbstachtung entwickeln, Selbstwertgefühl trainieren. Wie ein Mantra wird wiederholt: „Ich bin okay, du bist okay.“ Aber all diese Versuche haben die Erfahrung von Schuld nicht aus der Welt geschafft.

Schmerzempfinden ist notwendig. Es schützt uns davor, uns selbst Schaden zuzufügen. Und die Fähigkeit, Schuld zu spüren, hat denselben Zweck.

Nun gibt es sicher auch falsche Schuldgefühle – und die moderne Psychologie hat uns einen Dienst erwiesen, diese zu entlarven. Aber nicht jedes Schuldgefühl ist unberechtigt. Was die Psychologie weitgehend verkennt, ist die Tatsache, dass das Empfinden für Schuld in Wahrheit eine Gabe Gottes ist. Können Sie sich vorstellen, wie es wäre, wenn Sie keinen Schmerz empfinden könnten? Sie könnten sich mit dem Küchenmesser den Finger abschneiden – und würden es nicht spüren! Schmerz schützt uns davor, uns selbst Schaden zuzufügen. Und die Fähigkeit, Schuld zu spüren, hat denselben Zweck.

Gott will uns nicht in einem permanenten „Arme-Sünder-Bewusstsein“ haben. Aber er will, dass wir spüren, wenn wir auf der falschen Spur sind – damit wir unser Leben ändern können. Schuldgefühle zeigen uns an, dass wir auf einem falschen Weg sind. Gott lässt uns Schuld empfinden, damit wir zu ihm kommen – denn er will uns von unserer Schuld befreien. Das ist die Botschaft, die Jesus mit seinem Leben, mit seinem Tod und seiner Auferstehung gebracht hat.

Das Geheimnis hinter dem *Geheimnis*

Auch das Neue Testament spricht von einem Geheimnis. Es ist das Geheimnis der verzeihenden und neu schaffenden Liebe Gottes. Paulus formuliert es so: „Ihr habt erfahren, was von Anfang der Welt, was allen Menschen vor euch verborgen war: ein Geheimnis, das jetzt allen Christen enthüllt worden ist. Ihnen wollte Gott zeigen, wie unbegreiflich und wunderbar dieses Geheimnis ist, das allen Menschen auf dieser Erde gilt: Christus lebt mitten unter euch. Er hat euch die Hoffnung auf die Herrlichkeit Gottes geschenkt.“[11]

Das Geheimnis hinter dem *Geheimnis* ist Jesus Christus. Nicht einfach ein unpersönliches Gesetz der Anziehung. Ohne Jesus zu kennen, finden wir nicht zum wirklichen Frieden für unsere Seele. Er ist der „Fürst des Friedens“[12]. Ohne ihn gibt es keinen wirklichen Ausweg aus unseren Schwächen, Begrenzungen, Fehlern und Sünden – er ist unser Sieg.[13] Ohne Jesus gibt es kein gelungenes, erfülltes Leben – denn in ihm ist das Leben.[14]

Als Christen können wir sehr wohl das Gesetz der Anziehung nutzen (und ebenso jedes andere Gesetz dieser Welt, das uns hilft, unser Leben zu unserem Wohl und zum Wohl anderer zu verbessern). Aber wir sollten nicht unser Heil in diesem Gesetz suchen. Unser Glück, unsere Erfüllung sind nicht in einem Gesetz begründet, sondern in einer Person: Jesus Christus. Ihm vertrauen wir.

Als Gottes Bundesvolk Israel wieder einmal seinem Gott den Rücken gekehrt hatte, ließ Gott durch den Propheten Jeremia folgende Botschaft ausrichten: „Mein Volk hat eine doppelte Sünde begangen: Erst haben sie mich verlassen, die Quelle mit frischem Wasser, und dann haben sie sich rissige Zisternen ausgehauen, die das Wasser nicht halten.“[15]

Und dasselbe tun Menschen bis heute. Sie wissen nicht (oder sie vergessen es), dass nur Gott den Durst unserer Seele und die Sehnsucht unseres Herzens zu stillen vermag. Und sie graben anderswo nach Wasser, das ihre Sehnsucht stillt: Sie suchen es im Ruhm, im Erfolg, im Besitz, in der Macht. Oder in falschen „Durstlöschern“ wie Alkohol, Drogen, der Sucht nach sexueller Erfüllung – all das sind „rissige Zisternen, die das Wasser nicht halten“.

Vor einigen Jahren schrieb ein Freund ein Gedicht, das diesem Durst nach Gott, der jeden Menschen antreibt und den wir auf so vielen Abwegen zu stillen versuchen, Ausdruck verleiht:

Er ist die Sicherheit, die du im Geld suchst.
Er ist das Hochgefühl, das du im Alkohol suchst.
Er ist die Ekstase, die du im Sex suchst.
Er ist das Heil, das du bei den Ärzten suchst.
Er ist das Lied, das du in der Musik suchst.
Er ist der Tanz, den du in den Clubs suchst.
Er ist die Schönheit, die du auf Reisen suchst.
Er ist die Weisheit, die du in Büchern suchst.
Er ist der Friede, den du in der Sorge suchst.
Es ist Jesus, den du suchst …

Es läuft alles darauf hinaus: Es gibt mehr zu sagen über *The Secret – Das Geheimnis*. Das Geheimnis ist Jesus. Wer ihn kennenlernt, lernt einen Frieden kennen, der es möglich macht, mit dem Streben nach immer neuen Dingen, die dem Leben endlich diesen Durst nehmen sollen, aufzuhören. Es lohnt sich, *dieses* Geheimnis kennenzulernen. Er ist so nah wie ein Gebet. Vielleicht kann es dieses sein:

> Jesus, ich kenne dich noch nicht. Aber ich habe angefangen, dich zu suchen. Etwas in mir will sich gern auf dich einlassen. Etwas in mir hält mich zurück. Aber ich suche nach etwas, das meinen Durst nach Leben stillen kann. Und du versprichst, es zu tun. Jesus, lass mich erfahren, dass mein Leben bei dir zur Ruhe kommt. Lass mich neu anfangen und von dir lernen, was das Leben wirklich reich und glücklich macht. Ich gebe dir Zutritt zu meinem Herzen, gebe dir Raum in meinem Leben. Komm, und schenke mir das Leben, von dem du sprichst.

Vielleicht finden Sie auch ganz andere Worte. Aber ich kann Sie nur ermutigen: Versuchen Sie es. Wenden Sie sich an Jesus. Kaufen Sie sich eine Bibel. Und lernen Sie Jesus kennen – vielleicht durch das Markusevangelium. Suchen Sie sich Menschen, die Ihnen mehr über den Glauben sagen können. (Und achten Sie darauf, dass das Menschen sind, die nicht nur „alles wissen“, sondern die Sie auch mit ihrem Leben überzeugen!) Wenn Sie dabeibleiben, nach Gott und seiner Wahrheit zu fragen, dann wird er antworten.

Und wissen Sie, was noch geschieht? Im Himmel gibt es eine Party! Denn Gott freut sich über jeden, der sich an ihn wendet und das Glück des Lebens bei ihm sucht. Stimmt wirklich![16]

Anmerkungen

Kapitel 1: Von Göttern und Geistern

[1] 1. Korinther 3,21-22; EÜ.
[2] Galater 6,7; EÜ.
[3] Lukas 6,36-38; Hfa.
[4] Matthäus 25,14-29.
[5] Apostelgeschichte 4,26.
[6] Psalm 139,16.
[7] Psalm 100,3.
[8] 1. Mose 45,18.
[9] Matthäus 10,39.
[10] Arnold Toynbee, zitiert in Joseph Tetlow, „The Human Person and Sexuality", *The Way Supplement*, 71 (1991), 44.
[11] Jakobus 4,14.
[12] Jakobus 4,15.
[13] Markus 9,23.

Kapitel 2: Die Macht der Gedanken

[1] Sprüche 23,7; Formulierung des Autors.
[2] Rhonda Byrne, *The Secret*, DVD.
[3] 2. Korinther 4,4.
[4] Vgl. z. B. Epheser 6,11-12; Apostelgeschichte 10,38; Lukas 13,16; Johannes 13,27.
[5] Jeremia 29,11.
[6] 2. Petrus 1,4; L.
[7] 2. Korinther 10,4-5.
[8] Philipper 4,8; EÜ.
[9] Hiob 3,15.
[10] Rhonda Byrne, *The Secret*, a.a.O., 11.
[11] 1. Mose 1,31.
[12] N. T. Wright, *Evil and the Justice of God* (Downers Grove, IL: IVP Books 2006); 38-39.
[13] Siehe Offenbarung 21.
[14] Vgl. Matthäus 5,4 (frei übertragen).
[15] Vgl. Apostelgeschichte 14,16.
[16] Vgl. Apostelgeschichte 17,25.
[17] Markus 9,23.
[18] Markus 11,24.

Kapitel 3: Das Gesetz der Anziehung anwenden

1 Rhonda Byrne, *The Secret – Das Geheimnis* (München: Goldmann 2007), 26.
2 Offenbarung 5,8.
3 2. Korinther 2,15-16.
4 Klaus Koch, *The Prophets: The Babylonian and Persian Periods* (Philadelphia, Fortress Press 1989), 20.
5 Vgl. Jeremia 4,18.
6 Lisa Nichols, zitiert in: Byrne, *The Secret – Das Geheimnis*, a.a.O., 47,48.
7 Byrne, a.a.O., 47.
8 Marci Shimoff, zitiert in: Byrne, a.a.O., 49.
9 Jack Canfield, zitiert in: Byrne, a.a.O., 210.
10 Neale Donald Walsch, zitiert in: Byrne, a.a.O., 210.
11 W. Beran Wolfe, zitiert in: Lillian Eichler Watson (Hg.), *Light from Many Lamps* (Downers Grove, Il: Intervarsity Press, 1987), 70-71.
12 Vgl. Byrne, a.a.O., 127-129.
13 Ebd., 47f.
14 5. Mose 8,7f.

Kapitel 4: Ich hab da so ein Gefühl

1 Lukas 12,16-21.
2 Vgl. Römer 8,2.
3 Bob Proctor, zitiert in: Byrne, a.a.O., 54.
4 Vgl. 2. Korinther 10,4.
5 Matthäus 10,28-30.
6 Vgl. Jeremia 29,11.
7 Vgl. Peter Scazzero, *Glaubensriesen – Seelenzwerge? Von einer lebensfeindlichen zu einer heilsamen Spiritualität* (Gießen: Brunnen 2008), 26.
8 Scazzero, a.a.O., 28.
9 Vgl. Hebräer 5,14.
10 Nach Paul Brand; Phillip Yancey, *Pain: The Gift Nobody Wants* (Darby, PA: Diane Publishing Co. 1999), 6-7.

Kapitel 5: Warum das Geheimnis Christen nervös macht

1 Sprüche 23,7; Formulierung des Autors.

Kapitel 6: Das Gesetz der Anziehung in der Perspektive des Glaubens

1 Vgl. Matthäus 10,38-39.
2 Vgl. Prediger Salomo, 2,10-11.

[3] Vgl. Psalm 17,14; EÜ.
[4] Vgl. Hebräer 11,24-27 nach der Übersetzung *The Message*.
[5] Vgl. Matthäus 20,28; EÜ.
[6] Papst Johannes Paul II., zitiert in *Living God's Justice: Reflection and Prayers* (Cincinnati: St. Anthony Messenger Press, 2006), 11.
[7] Vgl. 1. Mose 11,6.
[8] Vgl. Apostelgeschichte 2,7.
[9] Vgl. Jesaja 43,18-19.
[10] Vgl. Matthäus 5,13.14.
[11] Vgl. Markus 11,24.
[12] Apostelgeschichte 2,17.
[13] Vgl. Epheser 3,20.
[14] Vgl. Offenbarung 21,3-4.
[15] Vgl. Markus 1,15.
[16] Vgl. Matthäus 6,10.
[17] Vgl. Hebräer 6,12.

Kapitel 7: Das Gesetz der Anziehung und das Geld
[1] Vgl. Apostelgeschichte 20,35.
[2] Vgl. 1. Mose 14,23.
[3] Vgl. 1. Könige 3,11-13.
[4] Vgl. Matthäus 6,29.
[5] Vgl. Lukas 8,2-3.
[6] Vgl. Johannes 13,29.
[7] Vgl. Epheser 4,28; EÜ.
[8] Vgl. 1. Mose 2,12.
[9] Vgl. Offenbarung 21,21.
[10] Vgl. 1. Mose 1,28.
[11] Vgl. 2. Mose 16,20.
[12] Vgl. Matthäus 6,31.
[13] Vgl. Matthäus 6,34.
[14] Vgl. Apostelgeschichte 14,17.
[15] Vgl. Matthäus 6,33.

Kapitel 8: Wenn das Geheimnis zum „dunklen Geheimnis" wird
[1] Vgl. Matthäus 5,3.
[2] Vgl. Matthäus 10,36.
[3] Vgl 1. Mose 1,26.
[4] Paul Tournier, *Guilt and Grace* (New York: Harper & Row 1959), 159.

Kapitel 9: Zwei Geschichten

[1] Vgl. Römer 12,2.
[2] Ebd.; Hfa.
[3] Vgl. 1.Mose 2,7.
[4] Vgl. Römer 8,20f.
[5] Vgl. Johannes 3,3.
[6] Vgl. Kolosser 1,27.
[7] Vgl. Offenbarung 21-22.
[8] Vgl. Nehemia 8,10.
[9] Vgl. 1. Petrus 1,15.
[10] Vgl. 1. Johannes 1,9.
[11] Vgl. Römer 8,1.
[12] Vgl. Psalm 91,16.
[13] Vgl. Johannes 15,8.
[14] Matthäus 5,13f.
[15] Vgl. Römer 6,1-6.
[16] Vgl. Johannes 16,33; Kolosser 2,10.
[17] Blaise Pascal, *Pensees*, (1966, repr., London: Penguin 1995), 50. Rückübersetzung aus dem Englischen.
[18] Vgl. Hebräer 12,11f.
[19] Psalm 81,12f.
[20] Carl Sagan, *Cosmos* (New York: Random House 1980), 4.

Kapitel 10: Das wahre „Geheimnis“

[1] Vgl. Apostelgeschichte 17,16; Zürcher Übersetzung.
[2] Vgl. Apostelgeschichte 17,22; Zürcher Übersetzung.
[3] Apostelgeschichte 17,23; freie Übersetzung.
[4] Apostelgeschichte 17,26; Hfa.
[5] Apostelgeschichte 17,27; Hfa.
[6] Apostelgeschichte 17,28; Hfa.
[7] Vgl. Prediger Salomo 3,1.
[8] Psalm 63,1; Hfa.
[9] Vgl. Johannes 4,10.13.14.
[10] Vgl. Römer 5,8; freie Übersetzung.
[11] Kolosser 1,26.27; Hfa.
[12] Vgl. 1. Johannes 5,12.
[13] Vgl. 1. Korinther 15,57.
[14] Vgl. Johannes 1,4.
[15] Jeremia 2,13.
[16] Vgl. Lukas 15,7.